社会体育的发展与实践指导研究

韩江华◎著

吉林出版集团股份有限公司
全国百佳图书出版单位

图书在版编目（CIP）数据

社会体育的发展与实践指导研究 / 韩江华著 . -- 长春:吉林出版集团股份有限公司，2022.11
ISBN 978-7-5731-2720-4

Ⅰ.①社… Ⅱ.①韩… Ⅲ.①群众体育—发展—研究—中国 Ⅳ.① G812.4

中国版本图书馆 CIP 数据核字（2022）第 224604 号

社会体育的发展与实践指导研究

SHEHUI TIYU DE FAZHAN YU SHIJIAN ZHIDAO YANJIU

著　　者　韩江华

出 版 人　吴　强

责任编辑　刘东禹

开　　本　710mm×1000mm　1/16

印　　张　11.25

字　　数　200 千字

版　　次　2022 年 11 月第 1 版

印　　次　2022 年 11 月第 1 次印刷

出　　版　吉林出版集团股份有限公司

发　　行　吉林音像出版社有限责任公司

（吉林省长春市南关区福祉大路 5788 号）

电　　话　0431-81629667

印　　刷　三河市嵩川印刷有限公司

ISBN 978-7-5731-2720-4　　定　　价　48.00 元

如发现印装质量问题，影响阅读，请与出版社联系调换。

前　言

　　我国体育事业发展的基础在于群众体育，持之以恒地发展群众体育，开展全民健身运动，促进群众体育和竞技体育全面发展，既是满足人民健身需求、促进人的全面发展的必然选择，也是我国由体育大国迈向体育强国的内在要求。在全民健身运动蓬勃发展的今天，我们要树立健康文明的社会体育观念，增强群众的体育锻炼意识，培养群众的终身体育锻炼习惯。体育锻炼是我国积极倡导的一种健康生活方式。社会体育具有参与人群广、健身效果显著的特点，开展丰富多彩的社会体育活动，有益于促进人民群众的身体健康，丰富群众的社会文化生活，培养群众良好的道德意识和精神品质，全面提升群众健康素养，进而为国家与社会的健康发展奠定基础。振兴社会体育事业，协调统一社区体育、农村体育、职工体育等各方面体育事业的发展，是促进全国各类人群身心健康的重要支撑，是加快社会主义精神文明建设步伐的关键举措。基于此，笔者在参阅大量相关著作文献的基础上精心撰写了本书。

　　本书共七章，第一章是社会体育理论解读，主要阐述社会体育和社会体育学的基础理论，并探讨社会体育与大众健康的关系。第二章是我国社会体育的发展情况，包括发展历史、现状、影响因素、发展思路及展望。深入了解社会体育的发展情况能够为探索社会体育的发展路径提供现实参考。第三章是各类社会体育的发展研究，包括社区体育发展、农村体育发展和职工体育发展，这些都是社会体育的重要组成部分，缺一不可，必须全面协调各类社会体育事业的共同发展。第四章是社会体育组织与管理的发展，包括科学的组织与活动指导、管理的理论与方法，以及安全管理和发展创新。第五章是社会体育产业的发展研究，包括对体育产业的概述，以及健身休闲、体育赛事产业的发展。第六章与第七章分别对常见社会体育项目的健身方法和不同社会群体的运动健身方法进行研究，为人民群众参加体育锻炼提供科学的实践指导，从而提高大众体育锻炼的科学性和有效性，使各类社会群体都能取得良好的锻炼效果，有效改善体质，提高身体健康水平。

　　总之，在全民健身热潮向纵深发展的今天，对社会体育发展与实践指导进行研究无疑具有时代性、前沿性及科学性。本书从实际出发，分析我国社会体育的发展现状、影响因素、发展思路和未来趋势；探索社区体育、农村体育、职工体育等各类社会体育事业的发展路径；开辟社会体育的产业化发展之路，对全面推动社会体育发展和完善社会体育公共服务体系具有重要指导意义。此外，本书最后探讨了常见体育项目的健身方法和不同社会群体的运动健身方法，对指导人民群众科学参与社会体育活动具有重要的实践价值。希望本书能够为推动我国社会体育事业的全面发展，提升人民群众的健康水平贡献一份力量。

本书在撰写过程中，借鉴了许多专家、学者的研究成果和观点，在此表示诚挚的谢意。另外，由于时间和精力有限，书中难免有不妥之处，敬请读者谅解并予以指正。

笔　者

2022 年 7 月

目　录

第一章　社会体育理论解读

随着社会的进步、经济的发展以及现代人健康观的不断变化，社会上兴起了全民健身热潮，社会体育呈现出空前活跃的景象。社会体育内容丰富，形式多样，时间自由，没有固定规则限制，普适性非常强。无论是男女老少，体质是强还是弱，都可以根据自身需要和实际条件灵活参加各种社会体育活动。社会体育对促进人的全面健康具有重要意义，包括促进身心健康、道德健康以及社会适应健康。人的健康发展是国家发展的基石，社会体育对国家建设与发展具有重要意义。本章对社会体育的基础理论进行阐述与分析，包括社会体育学概论、社会体育的基础理论以及社会体育与大众健康的关系等。

第一节　社会体育学概论

一、社会体育学的概念

社会体育活动是一种大众文化活动，必须有适当的理论给予指导，避免盲目性和非科学性。社会体育活动的管理是科学的、严密的，国家、社会、社区和家庭对社会体育活动的组织开展是有目的、有计划的，群众参加的身体锻炼活动也是有针对性的，为此，必须建立一门融不同领域、不同学科于一体的，以研究社会人群参与体育活动规律为宗旨的学科——社会体育学。

社会体育学是以社会体育活动中的各种体育现象为研究对象，探讨社会体育功能、结构、内容、方法，社会体育管理、服务，以及身体锻炼、终身体育等基本要素的学科，它是体育人文社会学科中的一门应用型学科。

二、社会体育学的学科特点

社会体育学作为一门新兴学科，具有以下几方面的特点。

（一）广泛性

社会体育学研究涉猎的领域非常广泛，其研究范围的广泛性在体育科学体系中是非常拔尖的。从社会体育的参与主体来看，社会体育学主要对不同年龄群体、体质群体、职业群体等各类群体的体育活动进行研究；从社会体育的活动内容来看，社会体育学主要对休闲健身体育活动、体育旅游活动等各类体育活动进行研究；等等。由此可见，社会体育学的研究范围和研究领域何其之广。

（二）应用性

社会体育学研究中，主要从社会体育的实际需要出发确定研究选题，从而使研究成果为社会体育实践提供指导与服务，这样能够充分发挥研究成果的应用价值，积极影响社会体育的发展。

（三）综合性

社会体育学作为一门独立学科，其研究对象、研究领域都有自身的特殊性，但与其他学科的联系也很密切，其中包括社会学、生物学、心理学和管理学。社会体育学与这些学科或交叉、或重叠，体现出综合性。社会体育学学科体系的丰富与完善离不开对其他学科研究成果的吸纳，这也是社会体育学未来的重要发展趋势之一。

（四）效益性

社会体育学对各种丰富有效的体育健身锻炼方法加以传播和推广，鼓励大众积极参与体育健身休闲活动，在促进大众身心健康的同时，获取良好的经济效益和社会效益。

三、社会体育学的研究对象

社会体育学的研究对象主要是具有社会意义的体育现象，而不是个人的体育现象。社会体育作为一种社会现象，是随着社会的发展而发展的，社会自身的发展影响着社会体育的发展。社会体育学作为一门学科，要研究社会体育在产生和发展过程中，同其他社会现象之间的相互关系，如人们的生产方式、生活方式与社会体育之间的互动关系规律，从而使社会体育更好地适应经济社会发展，适应人们观念与行为的变化。

在人们参与各种社会体育活动的过程中，社会体育得到蓬勃发展。社会体育又积极作用于人自身，提高了人们的生活质量。社会体育对人们新的社会观念（价值观、道德观、文化观、余暇观、健康观等）的形成也起到了潜移默化的作用。社会体育学则要致力于探索体育对人的社会属性的作用，把社会体育与人之间的各种相互关系作为研究对象。

随着社会体育这一社会现象的发展和对现代人生活的广泛渗透，社会体育作为社会媒介已将社会中不同年龄、性别、行业的人，相对紧密地维系在一起，形成一个有别于学校体育和竞技体育的"亚社会"。社会体育学同样要将这种"亚社会"中的组织、结构、沟通渠道与活动方式、方法等作为研究对象。

总之，从宏观角度看，社会体育学把社会体育作为一种社会结构，研究其内部运动的过程、驱动力和制约因素；从微观角度看，社会体育学探索的是社会体育的参加者的观念与需求，以及他们之间的相互关系。

第二节　社会体育的基础理论

一、社会体育的概念

社会体育，是指社会成员余暇时间广泛开展的，以身体运动作为主要手段，以提高健康水平、娱乐消遣为主要目的，在身心健康全面发展的阶梯上不断超越自我，促进社会物质、精神文明进步的社会实践活动。[①]这个定义高度概括了社会体育的本质特点。

社会体育的兴起与发展和社会政治、经济、文化等因素有着天然的联系。而且，随着人们生活条件的改善、健康观念的更新，体育锻炼越来越受重视，这些都为社会体育的发展提供了良好的契机，使社会体育逐渐成为如今广泛存在的一种社会现象。

二、社会体育的特点

（一）全民性与普遍性

社会体育发展至今，满足了很多人的健身、休闲、社交等需求，满足人的需求成为社会体育发展的一个动力，我们也可以将社会体育的发展过程看作不断满足人多层次需要的过程。在一定社会条件下，不同性别、年龄、体质、爱好、职业的社会群体都能找到适合自己参加的体育项目，找准自己在社会体育中的角色定位。随着目前我国体育人口不断增加，社会体育参与主体遍布全国，这也是社会体育全民性特征的表现。

---

① 马斌. 社会体育促进健康的理论与实践 [M]. 沈阳：沈阳出版社，2011.

社会体育的全民性主要指向社会体育参与主体，而社会体育的普遍性则指向社会体育的范围，任何有人居住的地方都会通过参加社会体育来满足自身的生存发展和享受需要，社会体育活动无处不在。

（二）健身性与娱乐性

社会体育最直接的效果就是通过参与主体的直接身体活动使其达到强身健体、身心愉悦、结交朋友、陶冶情操的良好效果。可见，社会体育具有突出的健身性和娱乐性，具有重要的健身价值和娱乐价值。其中，健身性又是社会体育与其他文化活动相区别的本质特征。

人具有身心合一的特点，所以人参与社会体育所达到的健身效果和娱乐效果也是统一的。身体健康才能精神健康，精神健康寓于身体健康中。融健身性与娱乐性于一体的社会体育在社会中占有非常重要的地位，是其他社会活动所不可替代的。

（三）余暇性与主动性

人们在自己可自由支配的闲暇时间参加社会体育活动，它不像学习、工作那样有强制性。不管是活动时间、活动地点、活动内容还是活动方式，都可以在一定条件下自由选择，完全出于自愿，没有任何被动强迫。

在全民健身背景下，我国也只是倡导公民参加社会体育活动，而不是强制规定每个公民都必须参加体育活动，否则就违背了社会体育的本质。人们参加社会体育是一种自觉主动的、相对自由的选择。

（四）多样性与灵活性

我国地域辽阔，人口数量庞大，各地经济、文化发展水平不平衡，因而不同地区的人有不同的体育需求。为满足不同地区、不同群体的不同体育需求，社会体育的组织形式、活动内容越来越丰富多彩，开展社会体育活动也必须贯彻因地、因时、因人制宜的原则，避免社会体育活动的盲目性。在我国社会体育的发展历史中，人民群众创造了丰富灿烂的体育文化活动来达到强身健体、娱乐休闲以及扩大社交的目的。

社会体育不仅活动内容丰富多样，而且组织形式非常灵活，各地可以根据实际条件采用体育教学、体育训练、体育运动会、体育文化节等各种组织方式来开展体育活动。

（五）公益性与社会性

社会体育还具有公益性与社会性特征，这是由它的全民性和普遍性特征所决定的。社会体育事业是为人民群众的健康而服务的，也是为社会的可持续发展服务的，可以说是利国利民的伟大事业，公益性非常强。因此，政府必须充分发挥管理职能，加强对社会体育事业的扶持与管理，不断完善社会体育公共服务体系，为群众提供更加丰富多元的体育物品，完善社会体育环境与条件，满足人民群众对体育锻炼更多、更高的要求，保障公民平等享有体育参与的权利，保障社会体育的公平，促进人民群众体质的增强。

社会体育事业关系着全国十几亿人民的健康，是举国上下都非常关注和重视的大事业。如果只依靠政府的扶持和管理，很难充分满足群众的多元化体育需求，也很难保证社会体育公共服务的有效供给。因此，在社会体育事业的发展过程中，除了要继续发挥政府的调控职能，加强政府的宏观管理之外，还要发挥社会各界力量的重要作用，依靠社会体育组织、体育相关企业以及市场来创造更多的公共体育服务产品，优化与完善社会公共体育服务体系。这不仅对群众健康有益，而且对社会各界影响力的提升也有重要作用。

三、社会体育与生产及生活方式的关系

（一）社会体育与生产方式的关系

1. 生产方式对社会体育的影响

作为人类的一种社会活动，体育发展的基本节奏与社会的发展几乎是同步的。体育的发展根本上取决于人类经济活动的发展，而生产方式不仅决定着人类经济活动的发展，也制约着人类社会不同时期体育的内容、性质和特征。下面简单地分析不同时期生产方式对社会体育意识的影响。

（1）无体育意识时期

在生产力水平极其低下的时期，人类为了解决温饱问题，为了生存而从事生产劳动，劳动几乎耗尽了人们的所有精力，这时，体育行为还不能够脱离生产活动而单独出现。这一时期人类各种各样的身体活动最终都是为了生存，体育是作为维持生产与生活的必要手段出现的。体育和生产劳动是紧紧融为一体，难以分割的，人类在这一阶段对体育的认识还处于一种无意识的状态。

（2）经验体育意识时期

随着生产力的不断发展，劳动生产率的发展步伐也逐渐加快，劳动产品除了用于消费之外开始有了剩余产品，剩余产品促进了社会大分工（物质生产和精神生产）的产生。

社会分工后出现了脑力劳动者，继而产生了学校，随之学校体育教育

和学校体育也开始出现，并且学校体育已形成一定的体系。这一时期，人类对体育的价值已经有所意识，但这一意识只是基于经验水平的认识，并未科学理性地认识到体育真正的价值和意义。

（3）理性体育意识时期

人类发展进入以大工业生产为基础的时代后，劳动过程中分化出科学，在科学获得很大程度的发展后又转回来为实现生产科技化服务。

理性体育意识时期，人类开始认识到劳动力再生产中体育发挥着重要的作用，体育在很大程度上能够提高劳动力水平。

（4）和谐体育意识时期

伴随着大工业大机器的生产方式进一步发展，20世纪90年代后，世界经济的发展开始有了新变化，人类社会开始进入知识经济时代。社会专业分工越来越细，全身性的传统劳动开始变为身体局部性的单调运作，由此系统化的体育思想和理论开始出现，多样化与整体化的体育方式和手段也随之产生，这些都使体育成为一种在人类社会中相对独立的文化形态。

和谐体育意识时期，社会体育已逐渐发展成为人类的一种自觉行为，体育与人类、社会、文化发展开始有机地协调起来，从科学的角度把握体育的发展，充分体现了社会体育的本性。

需要注意的是，生产方式除了影响和制约社会体育意识之外，也会严重影响和制约社会体育的手段、方法、器材、场地、空间、经费、传播、信息、时间等各个方面。

2. 社会体育对生产方式的作用

生产方式所要求的主体是人，社会体育有利于人的素质的有效提高，其积极作用主要表现在以下几方面。

（1）社会体育提高劳动生产率的作用

经常参加体育锻炼，既有利于人体各器官系统功能的有效改善，也有利于劳动者肌肉力量的不断增强，促使劳动者拥有充沛的体力、旺盛的精力和较高的劳动效率。

（2）社会体育对劳动力具有修复作用

随着经济的快速发展，人们的生活方式也不断发生改变，人民的生活水平有了显著提高，出现营养过剩，快节奏的生活使人们的精神压力剧增，高血压、高血脂、高血糖、消化不良、肥胖、糖尿病、神经衰弱等随之产生。这些疾病极大地危害着人们的身体健康。经常参加体育锻炼有利于上述疾病的预防与治疗，从而促进劳动力的修复。

（3）社会体育对劳动力具有保护作用

社会体育对劳动力的保护作用主要表现在三方面。首先，降低发病的概率。其次，减少工伤事故的发生。这一点主要体现在工矿企业。最后，预防或减少职业病。

有规律地参加体育健身与锻炼的人能够使自身适应大自然的能力增强，抵抗疾病的能力得到提高。体育锻炼能够降低由于职业特点而对身体造成的消极影响，减轻对锻炼者身体局部机能的损害，降低发病的概率。

（4）社会体育培养劳动者的作用

经常参加体育锻炼的青少年，身心会健康地发展，也能够促进良好身体形态的长成，身体的运动能力会随锻炼不断提高，使青少年逐渐成为健壮体魄的拥有者。

（二）社会体育与生活方式的关系

1. 生活方式转变对社会体育的影响

社会体育由于人们生活方式的转变而获得了良好的发展机遇，发展社会体育需要具备一定的时间条件和物质条件，生活方式的转变将使这两方面的条件不断得到满足。其主要表现在如下两个方面：

第一，由于人们的自由时间普遍增加，参加体育锻炼的时间和机会也会相应地增多，自由时间为《全民健身计划纲要》的落实、社会体育的开展、体育人口的发展提供了良好的时间条件。

第二，国家不断增加投入，家庭与个人的消费逐步增长，这些都有利于改善社会体育经费短缺的状况，城市居民区的健身长廊、健身路径等体育设施大量出现，为人们参加体育活动提供了物质基础。

2. 社会体育对生活方式的积极影响

社会体育对生活方式的积极作用与影响突出表现在以下几点：

（1）社会体育能够使人体机能和体能保持在最佳状态，有利于人们身心疲劳的消除，也是人类健康生活的重要保障。

（2）增加和发展社会体育消费，有助于优化家庭和个人的消费结构，使消费向合理化方向发展，有利于人们生活质量的提高。

（3）社会体育有利于人的劳动素质的提高，有利于全面发展的人格的培养。

（4）社会体育有助于帮助人们消除恶习，使不良社会生活得到有力的改善。

（5）社会体育能够使人们的审美观念发生改变，使人们的情感需求、精神需求、文化需求得到满足。

（6）社会体育活动能够鼓励人们进行基本生活技能的学习，从而使人们的生活能力与生活质量得到提高。

（7）社会体育作为一种交际手段，可以使得人与人之间的社会距离逐渐缩短，使家庭成员之间的感情与交流不断增进，对促进家庭和睦具有重要作用。参加社会体育活动能使人们之间的理解、交流与合作不断加强，也可以使人的社会责任感和道德价值观得到有效的提高。

四、社会体育与竞技体育、学校体育的区别

社会体育、竞技体育和学校体育是三种不同的体育类型，它们都是我国体育事业的重要组成部分。社会体育与竞技体育、学校体育既有相同点，又有区别。从三者的关系来看，学校体育、社会体育、竞技体育三者形成了相互联系、相互制约、相互渗透、相互促进的统一体。三者相互融合渗透，彼此不可分割。学校体育为社会体育培养骨干，培养积极分子，也为竞技体育源源不断地输送后备人才；社会体育的发展反过来促进学校体育的开展，对学校体育提出新的要求。竞技体育离不开社会体育的支持，社会体育也为竞技体育输送后备人才。竞技体育从普及和提高的关系看，离不开学校体育和社会体育，反过来竞技体育又起着指导和推动学校体育、社会体育发展的先导作用。

学校体育、社会体育、竞技体育作为国家体育的三个重要组成部分，三者的协调发展是建设社会主义体育强国的必由之路。但三者又有自身的特点与规律，要处理好三者的相互关系，一定要先了解各自的独立性，了解三者之间的区别。

（一）地位与作用的区别

1. 地位的区别

学校体育是学校教育的重要组成部分，是培养德、智、体全面发展的社会主义建设者和接班人的一个重要方面。它是国民体育的基础和战略重点，是建设体育强国的重要环节。

社会体育是由我国社会主义制度的性质和方向决定的。社会主义国家人民当家作主，人人享有参与体育的权利，增强全民族的体质是我国社会体育的根本宗旨。因此，社会体育是国民体育的主体，这是毋庸置疑的。

竞技体育反映一个国家的运动技术水平，也是一个国家综合国力的体现，在建设体育强国中具有突出、重要的作用，在国民体育中处于先导地位。

2. 作用的区别

学校体育是促进青少年儿童身心发展、健康成长的积极有效手段，在配合德育、智育、美育、劳育，以及培养全面发展人才中起着不可忽视的作用，是培养社会体育骨干和积极分子的基地，是培养体育人才和优秀运动员的摇篮。

社会体育的作用是增强人民体质，丰富人们的业余文化生活，陶冶人们的情操，提高社会劳动生产力，满足人们生活享受的需要。

竞技体育对学校体育、社会体育具有指导和推动作用，竞技体育攀登世界运动技术水平的高峰，为国争光，振奋民族精神，为经济服务。竞技体育还具有高度的欣赏价值，可以丰富人民群众的业余文化生活。

（二）参与对象、目的的区别

1. 参与对象的区别

社会体育面向全体社会成员服务，而不是只为某一群体或某个地区的人服务，参与对象包括全国各地各个年龄段、各种职业的人，具有全民性。竞技体育的参与对象是少数群体，以运动员为主，还包括想要成为运动员的后备力量。学校体育的参与群体也是特定的，包括学校师生和工作人员。所以说，三种类型的体育运动的参与对象是不同的。

2. 参与目的的区别

社会体育的参与群体涉及不同性别、不同年龄的人，不同参与者的参与动机、目的也是不同的。例如，少儿是为了生长发育；青年人是为了休闲娱乐，健美塑形，扩大社交；中老年人是为了强身健体，防治疾病；等等。当然，每个人参与社会体育的目的可以是多样的，不同群体参加社会体育的目的有时也是相同的，如都是为了增强体质等。总之，社会体育的参与目的具有多样性。

竞技体育的目的相对比较单一，主要是对人的运动潜能进行最大限度的挖掘，促进运动员竞技能力的提升，在比赛中取得优异成绩，为国争光。学校体育的主要目的相对而言也是特定的，以促进学生身心健康、德智体美全面发展，为社会培养优秀的人才为主要目的。

（三）活动内容、时间的区别

1. 活动内容的区别

社会体育的活动内容和活动方式都是非常丰富的，参与者的选择范围很广，可以根据自己的兴趣爱好、实际需要去自由选择、自愿参与，几乎不受条条框框的限制和约束。竞技体育内容主要是围绕奥运会等体育赛事而开展和设置的，奥运会正式比赛项目是竞技体育的重点发展项目，内容上是有范围限定的。学校体育的内容虽然丰富多彩，但是也不像社会体育内容那样广泛，学校主要根据办学条件、校内体育资源和课程纲要而安排体育教学内容，对于办学条件较差的学校来说局限性还是比较大的。

2. 活动时间的区别

社会体育参与者利用余暇时间参加体育活动，参与时间是由自己决定和安排的，人们往往在学习和工作之余参加体育活动，几乎不会对学习和工作造成影响。竞技体育运动员参加运动训练、比赛是其作为专业运动员必须完成的工作，不是业余性的，所以活动时间有特定的安排。学生体育课学习是学生必须履行的义务，体育课时间也有明确规定，但学生的课余体育锻炼时间是比较自由的。

（四）发展目标的区别

学校体育的发展目标是增强学生体质，使青少年在身体形态、身体素质、身体机能、基本活动能力、适应能力等方面达到世界先进水平，将青少年一代塑造成德智体美劳全面发展的社会主义社会的新人。

社会体育的发展目标是通过广泛开展群众性体育，提高体育人口的数量与质量，增强民族体质，提高人民群众的机体能力和劳动生产力；强身祛病，增加国民的平均寿龄。

竞技体育追求最大限度地发展和发掘人体机能的潜力和潜能，展示它的魅力；提高运动技术水平，创造优异成绩，赶超世界先进水平，攀登世界运动技术水平的高峰，夺取奥运会金牌。

总之，我们既要了解学校体育、社会体育、竞技体育三者的特性，又要分析它们的相关性和统一性，从而更好地推动三者协调发展。

第三节　社会体育与大众健康的关系

一、大众健康概述

（一）健康的含义

健康是全人类的共同追求，关于健康的含义，不同历史时期有不同的解释，世界卫生组织对健康概念的界定相对更加权威，得到了全世界的普遍认可。世界卫生组织这样定义健康："健康不仅指没有疾病或不虚弱，而是身体上、精神上和社会适应方面的完满状态。"后来，健康概念被进一步深化为"躯体健康、心理健康、社会适应良好和道德健康"。

（二）健康的标准

1. 十项基本标准

世界卫生组织制定了十项基本标准来衡量健康，这些标准主要涉及三大方面，即躯体健康、心理健康和社会适应良好，具体如下：

（1）体重合适，身材匀称而挺拔。

（2）能抵抗普通感冒和传染病。

（3）善于休息，睡眠良好。

（4）眼睛明亮，反应敏锐。

（5）头发具有光泽而少头屑。

（6）牙齿清洁无龋，牙龈无出血，而且颜色正常。

（7）肌肤富有弹性。

（8）有充沛的精力，能从容不迫地应对日常生活和工作而不感到精神压力。

（9）处事乐观，态度积极，勇于承担责任。

（10）应变能力强，能适应外界的各种变化。

2. "五快"和"三良好"标准

"五快"和"三良好"标准也被普遍运用于对健康的衡量中，具体如下：

（1）"五快"

① 吃得快。食欲好，不挑食，很快吃完一顿饭。

② 便得快。一旦有便意，能很快排泄完，而且感觉良好。

③ 睡得快。有睡意后能很快入睡，醒后头脑清醒。

④ 说得快。思维敏捷，口齿伶俐。

⑤ 走得快。行走自如，步履轻盈。

（2）"三良好"

① 个性人格良好。情绪稳定，性格温和；意志坚强，感情丰富；胸怀坦荡，豁达乐观。

② 处事能力良好。观察问题客观、现实，自我控制能力和适应复杂社会环境的能力较好。

③ 人际关系良好。助人为乐，与人为善。

（三）大众体质健康的评价指标

大众体质好坏的评价指标有如下五点：

（1）生理生化功能水平。包括各器官与系统的工作效能、机体的新陈代谢功能。

（2）身体形态发育水平。包括身体组成成分、姿势、营养状况、体型、体格等。

（3）运动能力水平和身体素质。包括走、跳、跑、攀登、投等身体运动能力；速度、力量、灵敏、柔韧、耐力等在运动中表现出来的身体素质。

（4）适应能力。对外界环境条件的抗寒、抗热能力和对疾病的抵抗力。

（5）心理发展状态。包括本体感知能力、个体意志力和判断能力。

体质健康的影响因素是来自多方面的，先天遗传对体质的发展具有一定的基础影响，但卫生、营养、身体运动和教育等后天因素也是影响体质好坏的主要原因。促进体质增强最有效的措施之一就是有计划、有目的地参加体育运动。

二、社会体育促进人的全面健康

（一）社会体育促进人的身体健康

科学参与社会体育活动有助于促进人体生理健康。社会体育的生理健康价值具体体现在以下几方面。

1. 改善呼吸系统功能

在社会体育锻炼中，呼吸加深，吸进氧气和排出二氧化碳的量都比较多，能够增加肺活量，增强肺功能。长期坚持参与体育活动，能够提高身体适应能力，使呼吸更加匀和平稳。

2. 增强消化系统功能

一方面，体育健身会消耗人体内的营养物质，促进机体代谢，从而增进人的食欲。另一方面，体育健身锻炼能使胃肠蠕动更通畅，加快消化液分泌，从而改善胃肠功能。这些都有助于提高人体消化系统功能。

3. 提升神经系统功能

人体在神经系统的支配下参与体育锻炼，长期坚持，肢体越来越协调，身体越来越灵活，思维也越来越清晰，使工作和学习的精力更加旺盛，能有效提高工作和学习效率。

4.控制体重，塑造健康体形

肥胖是现代人普遍存在的一个体质健康问题，肥胖会影响人体正常生理功能，加重心脏负担，如果皮下脂肪过多，还会增加死亡危险率。参加丰富多彩的社会体育活动则能够帮助人体去除多余脂肪，增强肌肉力量，增加关节柔韧性，很好地控制体重，使体形更健美、协调。

5.预防伤病

长期参与社会体育活动，有助于降低心血管疾病的发生率；控制血糖，降低糖尿病发生率；增加骨质密度和强度，预防骨裂。总之，坚持参加社会体育锻炼能够使身心更加健康。

（二）社会体育促进人的心理健康

社会体育对不同年龄群体的心理健康都有重要影响。

1.社会体育促进青少年心理健康

社会体育对青少年的心理健康具有重要促进作用，具体体现在下列几方面。

第一，青少年参加体育锻炼可以改善自己的不良情绪，在体育锻炼中把不良情绪宣泄出来，可避免用其他不良冲动行为发泄情绪。

第二，体育运动能够培养青少年的自我认知意识与能力，使青少年正确认识自身的优点和不足，为自己的成绩感到骄傲，同时能培养自尊心，使其自觉纠正缺点。

第三，青少年参加集体性体育项目，体验不同的角色，与他人团结合作，有助于形成良好的人际关系，激发青少年主动与他人交往的心理。

第四，体育运动能够促进青少年毅力的增强，培养其坚持不懈、顽强勇敢的作风，沉着果断、灵活机智的品质，积极向上、乐观自信的心态以及团结一致的集体主义精神。

第五，青少年在体育锻炼中也能形成良好的竞争意识与合作意识，既懂得用公平的方式去竞争，又能主动与他人合作。良好的竞争性和高度的合作能力是现代社会对人才的基本要求。

第六，青少年通过参加社会体育活动，有助于使反应更适度，行为更协调，养成遵守规则、自我约束、行为文明的良好习惯。

总之，青少年坚持参加社会体育锻炼，不但对其生长发育有利，而且有助于培养健康的心理素质，完善人格。

2.社会体育促进中年人心理健康

社会体育对中年人心理健康的意义表现在下列两方面：

（1）提高心理应激水平

心理应激指的是当强烈的生物、化学、物理刺激作用于人体时，或人的情绪发生强烈变化时所产生的一系列应答性反应。这种特殊的心理反应与特异性的病理损害是不同的。人的应激水平直接影响其抵抗力，应激水平高的人不易被一般刺激物干扰心理，不会因为一般外界因素的影响而产生情绪的波动。

实践证明，中年人适当多参加一些对抗性的体育运动或参加体育比赛，加强应激锻炼，能够有效提升心理应激水平，从而在生活与工作中遇到一般应激事件时能够很好地应对与处理。

（2）产生愉快心境

中年人在体育锻炼过程中容易产生一种"欣快感"，它类似于"优越感"，表示对自己健康的生活方式、良好的生活习惯、坚强的意志品质感到自豪，进而增加自信，产生愉悦和满足情感。心境进入愉悦状态，使神经系统兴奋占主导，能够促进思维敏捷，提高工作效率。

3.社会体育促进老年人心理健康

体育运动能够对老年人的心理疾患起到很好的调节作用，促进老年人心理安稳、健康，这对解决社会广泛关注的老年人心理问题，维持社会稳定、和谐具有重要意义。老年人参加体育锻炼，能够愉悦身心，化解孤独，释放压抑的情感，获得深刻的心理体验，使生命重新焕发活力。

体育运动是调节不良情绪、调整非健康心理状态、产生健康心境和积极情感的重要手段。老年人要深入认识体育运动对自身心理健康的重要意义，积极参与适合自己的体育项目，从而丰富生活，扩大交流，认识朋友，延缓身体机能衰弱，促进身心健康。

（三）社会体育提升人的社会适应力

1.社会适应能力概述

现代社会的竞争性、开放性是人们有目共睹的，竞争又开放的社会环境对社会成员的社会适应能力提出了非常高的要求。人要具备这一基本能力，要能很好地适应不断变化的社会环境，是扮演好社会角色，与社会环境保持良好互动、和谐关系以及与社会相互作用的必然要求。良好的社会适应能力也是社会健康的表现。社会健康是现代健康观的一个重要内涵，是人全面健康的重要组成部分，也是社会体育的一个重要目标。

每个社会成员，身处特定的社会环境和社会关系中，都会面临适应各种突发状态的情境和任务，积极调适、适应是所有社会成员的必备素质之一。适应能力是每个人在社会上生存与发展的一项必备能力。不同的人因为适应能力不同，对自身在社会上的发展也将产生不同的影响，因此，适应能力是影响人发展水平高低的一个重要因素。社会适应能力是由一系列具体的适应能力所组成的，包括学习适应能力、工作适应能力、生活适应能力、社会交往适应能力等。可见，人不管是在学习中、生活中、工作中，还是在社会交往中，都必须具备一定的适应能力。

社会适应能力的好坏对人的身心健康有重要影响。不能很好适应社会环境的人将会制约身心健康。面对社会环境的不断变化，有些人不去主动适应，因而常常因为社会交往矛盾、学习工作不顺心而产生消极心理，焦虑、愤怒、压抑等不良情绪持续输出，这将导致人的免疫能力下降，长此以往可能引发生理疾病和心理疾病。

2. 社会体育提高社会适应能力的意义

参加社会体育运动是提高个体社会适应能力最积极有效的方法之一，社会体育活动有助于改善社会人际关系，培养个体适应社会节奏的能力，促进社会个体的社会健康和全面健康。

（1）培养个体适应社会节奏的能力

个体通过参加体育健身娱乐活动，能够培养良好的生活节奏，养成健康的生活习惯，形成积极健康的生活方式，还能够提高生活质量和对社会的满意度。经常参与体育运动的人掌握的活动技能比较多，能够把很多生产生活动作快速、协调地完成，在这个过程中表现出良好的胜任力，而且几乎不会有明显的多余动作。可见，体育运动经验丰富的人能够很快适应生活与工作节奏的改变。

体育运动可以提高人的心肺功能、神经系统机能水平，从而促进人体应变能力的提升，快速适应生活与工作节奏，提高生活与工作效率，很好地完成生活与工作任务。此外，体育运动经验丰富的人面对生活与工作节奏的突然变化，会比不常参加运动的人表现出更稳定的心理状态，他们不会顿时产生强烈的消极情绪，如焦虑、苦恼、紧张、害怕、抱怨等，而是能够很好地抑制身心紧张，以良好的身心状态沉着冷静地应对和处理问题，表现出比缺乏运动的人更强大的心理。

（2）改善人的社会人际关系

随着社会的不断进步和人民生活质量的提高，人在生理需求得到满足的同时也追求心理需求的满足，如在解决衣、食、住、行的基本生活问题和满足营养、休息、睡眠等基本生理需求后，逐渐产生了更高层次的需求。追求心理方面的满足，如对友谊、理解、尊重、归属、安全、情感等的追求，高层次的需求往往需要通过良好的人际关系来获得满足。参加社会体育锻炼，能够促进人际交往，消除人际矛盾，协调人际关系，形成良好的社会关系与氛围，促进社会稳定与和谐，促进个体健康发展。

不管是性格内向还是性格外向的人，都可以通过参加社会体育活动，尤其是社交性的体育活动来扩大自身与社会的接触面，促进与社会的互动和交往，敞开心扉，真诚投入，收获友谊和其他真情实感，这对改善个体的性格，提高人的生活质量，促进人的社会发展具有重要意义。

三、社会体育改善社会亚健康状态

（一）亚健康概述

亚健康是指机体在不良环境刺激下引起生理、心理的异常变化，但尚未达到明显病理性反应的程度。亚健康既不属于健康，也不属于疾病，是介于二者之间的"第三状态"。

亚健康的征兆与特征见表 1-1。

表 1-1　亚健康的征兆与特征 [①]

常见征兆	主要表现
（1）头重头痛	（1）没有食欲
（2）头脑不清	（2）失眠或嗜睡
（3）浑身乏力	（3）心悸、头晕、气短
（4）易疲劳	（4）健忘
（5）面部疼痛	（5）焦虑
（6）眼疲劳	（6）烦躁
（7）鼻塞	（7）疲乏无力
（8）思想涣散	（8）免疫功能下降
（9）起立时眼发黑	（9）大小便不规律
（10）眩晕	（10）性欲低
（11）耳鸣	（11）抑郁或消沉
（12）易晕车	
（13）声音异常	
（14）颈、肩部位僵硬	
（15）心情郁闷	
（16）心悸	
（17）便秘	
（18）手脚麻木	

---

① 周学荣，谭明义. 社会体育学概论［M］. 哈尔滨：黑龙江人民出版社，2004.

（二）社会亚健康状态

当前，随着社会竞争的日趋激烈，各种社会压力接踵而至，再加上环境的恶化、生活习惯的变化，人类的亚健康问题已经越来越普遍，这不是某个社会个体或社会群体的问题，已经成为一个对社会和谐稳定与可持续发展造成严重威胁的社会问题。亚健康人口遍布全国各地，社会进入了亚健康状态，其主要有下列几方面的表现。

1.亚健康人群地域分布广泛

我国处于亚健康状态的人口遍布全国各地，而且经济发达地区的亚健康人口占比更高。

2.亚健康人群年龄范围跨度大

我国19～55岁的人群存在着不同程度的亚健康问题，中青年的亚健康比例比其他人更高，这主要与他们的工作压力大、生活负担重有关。他们的亚健康症状主要表现为身体疲劳感长期存在、记忆力减退、食欲不振、失眠、没有参加社交活动的欲望等。

3.亚健康人群职业涉及面大

我国亚健康人口涉及社会上的各种角色和各种职业，包括教师、学生、企事业单位员工、自由职业者等。各行各业的从业者中都有一定比例的人处于亚健康状态。这已然是一个社会普遍性问题。

（三）社会亚健康的危害

社会亚健康对个体和社会的发展都会产生严重影响，下面从两方面来分析社会亚健康的危害。

1.导致人的生命质量下降

21世纪，亚健康成为人类生命健康最大的威胁之一，大量慢性疾病对人类生命健康的危害性在某种程度上已经超过了传染性疾病带来的危害。因为长期的亚健康症状而引发的慢性疾病对人们的生活质量、生命质量造成了严重的危害，甚至有些亚健康的人因长期植物神经功能紊乱，精神压力大，心理负担重而猝死。

2.导致社会人才损失

我国亚健康人口中不乏各行各业的专业人才，他们是社会建设的重要力量，是国家发展的中流砥柱，他们的健康对个人、社会乃至国家、民族的发展都具有非常重大的意义。但随着社会生活节奏的加快和竞争力的提升，一些从业者因为工作压力大，长时间加班，休息不足，健康严重透支，并被一些慢性疾病困扰，严重影响了工作效率和质量，甚至有人英年早逝，不仅给家庭带来了沉重的悲痛，也造成了社会人才的损失。

（四）社会体育改善社会亚健康的作用

亚健康是介于健康和疾病之间的第三种健康状态，虽然亚健康已经有明显的不适症状，但因为没有明显的病理信息，因此不能按疾病的标准去诊断，医生也将此作为低质量的健康去看待，不会轻易采用医疗手段去干预人的亚健康，而且干预效果也并不明显。可见，亚健康不是靠医疗手段就能摆脱的，但我们也不能任由其发展成疾病再去采用医疗措施来干预。其实，对一般的亚健康人群来说，消除亚健康症状，提升健康水平和质量最经济、积极、有效的方式莫过于科学的体育运动。

社会体育为人们强身健体、摆脱不良症状、挣脱亚健康"牢笼"提供了良好的机会与渠道，能够使人从亚健康走向健康，使社会从亚健康走向可持续健康，为社会可持续发展奠定基础。

下面具体从四个方面讨论社会体育改善社会亚健康的作用。

1. 满足亚健康人群的多样性需求

亚健康人群从自己的身体条件出发选择适合自己参加的体育锻炼项目，科学参与其中，坚持不懈，能够充分满足健身、娱乐、防病治病的需求。社会体育活动内容丰富多彩，组织形式变化多样，可以使不同亚健康群体的多样性需求得到充分满足。

2. 改善亚健康状态

当前，亚健康在社会上不断蔓延，影响越来越大，阻碍了社会的发展。因此，亚健康不单单是亚健康患者个人的问题，已经成为全社会都关注和重视的普遍性问题。

社会体育的容纳性很强，不同性别、年龄、职业、体质群体的人都可以参与其中，自然亚健康人群也适合参与。亚健康人群选择保健康复类、民族传统类体育运动进行锻炼，有助于改善亚健康状态，消除身体不适症状，提高机体健康水平。

3. 预防亚健康

社会体育还能预防亚健康。社会各行各业的人积极参与体育活动，增强机体抵抗力，可以有效预防身体疾病、心理疾病，以及社会适应亚健康，人人预防亚健康，整个社会的亚健康也就能够得到有效预防。

4. 制定干预亚健康的运动处方

运动处方是针对个人的身体状况和需要而制订的一种科学的定量化的周期性锻炼计划，是个体科学锻炼的运动程序。[①] 社会亚健康人群必须参考科学的运动处方参加社会体育锻炼，才能有效达到预期的效果。如果锻炼项目选得不合适，方法不合理，计划不可行，那么最终效果自然不理想。参加社会体育运动，必须在社会体育指导员的科学指导下，根据自己的亚健康类型和症状制定个性化运动处方，合理安排运动内容、运动方法、运动时间、运动强度等各项因素，在没有特殊情况时，严格按照处方去锻炼，将有助于促进身心机能恢复到正常状态，从亚健康走向健康。

---

① 马燕，赵启全. 社会的亚健康态与社会体育的紧迫性 [J]. 体育世界（学术版），2008（07）：100-101.

第二章　我国社会体育的发展情况

中华人民共和国成立后，我国社会体育作为全国人民群众共同参与的大规模的社会实践逐渐兴起，几十年来，社会体育走过了坎坷之路，经历了艰难曲折，最终取得了令人瞩目的成就，并积累了丰富的经验。当前，我国社会体育受到国家与社会各界的高度重视，迎来了良好的发展机遇。然而，因为诸多方面因素的影响，我国社会体育的一些问题至今依然没有从根本上得到解决，而且随着社会环境的不断变化，又遇到了新的发展问题。总的来说，我国社会体育在历史发展中机遇与挑战并存，成绩与问题并存，道路曲折，前途光明。本章主要对我国社会体育的发展情况进行分析，首先梳理我国社会体育的发展历史；其次，分析我国社会体育当前发展现状与主要影响因素；再次，思考我国社会体育的发展思路；最后，展望我国社会体育的发展前景。

第一节　我国社会体育的发展历史回顾

一、我国社会体育的发展历史

中华人民共和国成立以前，受社会环境的制约，我国社会体育没能顺利发展，没有形成独立的社会形态，直到 1949 年以后才发生根本性转变。在此后几十年，我国社会体育在曲折中不断成长、壮大，回顾中华人民共和国成立后我国社会体育的发展历史，大致经历了以下几个时期。

（一）初创时期（1949 年—1957 年）

中华人民共和国成立之初，为了适应社会主义建设的需要，我国将发展社会体育，提升民族体质作为社会建设的重要任务之一。这一时期主要开展了以下关于社会体育的工作。

（1）确立了社会体育在中国体育发展指导方针中的地位。

（2）初步建立了社会体育的组织体系。

（3）初步改善了社会体育的基本条件。

（4）建立了有关社会体育的规章制度，如职工体育制度、基层体协制度、广播操和工间操制度等。

这一时期是我国社会体育发展的第一个"黄金时代"。通过政府的努力，社会体育得到初步发展，并在改善民族体质、发展国民经济和国防等方面发挥了重要作用。可见，这一阶段社会体育的功能特点是以政治功能为主，其主要为政治与军事、生产和国防服务。初创阶段的发展也为社会体育今后的发展奠定了基本框架。

（二）从低潮到好转时期（1958年—1965年）

20世纪50年代后期，特别是在1959年至1961年期间，社会体育处于低潮期和停顿状态，社会体育活动基本停止。1963年起，国民经济形势开始好转，国家体育又恢复了生机。社会体育的大起大落使有关部门认识到："业余、自愿、小型、多样，因时、因地、因人制宜"是社会体育发展应遵循的重要原则。社会体育的发展不能脱离现实和违背客观规律。这是对我国社会体育发展实践的经验总结，也是社会体育发展理论上的一次重大飞跃，更是我国社会体育走向"实事求是、注重实效"发展道路的重要标志。

（三）再次停滞到恢复、初步改革时期（1966年—1991年）

1966年开始，我国政府体育行政部门陷入停滞状态，群众性体育活动基本停止，社会体育陷入低谷。

1978年，党的十一届三中全会胜利召开，我国进入改革开放时期，体育事业迅速恢复并完善，社会体育获得了重振旗鼓的良好发展机遇。新的社会环境将社会体育带入新的发展阶段，社会体育获得了快速的发展，尤其是20世纪80年代中期以来，城市社区体育作为社会体育的重要组成部分得到迅猛发展，彰显了群众性和参与性。

1990年，我国推出"亿万农民健身活动"，广大农民积极投身其中。与此同时，我国职工体育组织、各种业余运动队、体育人口数量都大幅度增长。社会体育活动内容也随之发生了转变，开始由过去以生产操、广播操、球类、武术为主的项目扩展到健美操、体育舞蹈、保龄球、网球等多样化项目。同时，一些新兴运动项目也不断涌现，如高尔夫球、登山、攀岩、热气球等。

20世纪80年代后期，我国开始着手社会体育改革，改革内容包括促进社会体育与校园文化、企业文化和乡村文化的结合；扩大社会体育组织结构中非体委系统的成分，加强群体工作中的协调与合作，拓展体育经费来源；扶植社会自发性体育组织形式等。这些改革是在计划经济体制下实施的，受到计划经济体制的较大影响，很难继续进行更加深入的改革。

（四）深化改革与快速发展时期（1992年至今）

随着改革开放的持续发展和经济改革的深化，人们认识到必须尽快改革依托计划经济体制的社会体育体制，否则传统社会体育体制会使社会体育事业陷入发展危机，而且无法完成新时期中国体育的发展任务。20世纪90年代初期以后，我国社会体育正式进入深化改革的阶段。

1995年，国务院正式颁布新时期社会体育工作纲领性文件——《全民健身计划纲要》。这是新时期提高民族素质的重要战略。随着这一文件的出台与实施，我国社会体育发展的科学化水平不断提高。同年我国正式施行《中华人民共和国体育法》，从法律层面监督全民健身计划的落实，大力维护人民群众的体育参与权。

进入21世纪以来，随着我国社会经济的发展、人民生活水平的提高，广大群众的余暇时间增加，生活质量需求增长，人们参与体育的热情也随之提升，我国社会体育在良好的社会环境下得以广泛开展，出现了前所未有的发展势头。政府部门为进一步推动社会体育和全民健身的发展，不断出台新的政策文件为社会体育的发展提供制度保障。例如，2011年，国家体育总局公布《社会体育指导员管理办法》，规范社会体育指导员工作，发挥社会体育指导员在全民健身活动中的作用；2019年，国务院办公厅印发《关于促进全民健身和体育消费推动体育产业高质量发展的意见》，推动体育产业成为国民经济支柱性产业，积极实施全民健身行动；2020年，体育总局联合教育部、公安部、民政部等部门印发了《关于促进和规范社会体育俱乐部发展的意见》，以促进社会体育俱乐部规范发展，进一步健全公共体育服务体系，促进体育强国建设；2021年，国务院印发《全民健身计划（2021—2025年）》，在新的历史起点上继续推动全民健身公共服务高质量发展。一系列改革措施与政策文件极大地促进了我国社会体育事业的发展。

随着我国经济的不断发展，人民群众对体育锻炼的需求将继续增加，而且日益迫切、强烈。因此，继续深化社会体育改革，是新时期发展社会体育、满足大众需求的关键。有关部门需在社会主义市场经济体制下进一步完善社会体育管理体制和良性运行机制，更好地推动我国社会体育的可持续发展。新时期社会体育的改革发展过程将是长期的、艰巨的，需要政府部门、社会体育团体、人民群众的共同努力，相信在举国上下的全面推动下，我国社会体育事业将迎来更加美好的前景。

二、我国社会体育发展历史中总结的经验

中华人民共和国成立以来，我国社会体育这一亿万人民参与的一项大规模的社会实践，经历了种种挫折后，取得了辉煌成就，积累了极为丰富的经验。这些经验概括起来，主要有以下内容。

（一）坚持党和政府的科学领导

我国是发展中国家，也是人口大国，发展社会体育面临诸多困境和阻碍，如财力不足、体育资源短缺、人口消费水平低，等等。面对这些难题，我国几十年来一直坚持党和国家的领导，这才有了今天的辉煌成就。我国社会体育发展历史亦表明，只有坚持党和政府的科学领导，充分发挥政府的职能，社会体育才具备发展的前提条件。

（二）因地制宜，实事求是

社会体育是一种社会现象，必须依托社会环境才能发展，社会环境对社会体育的发展速度、发展高度具有重要影响。我国处于社会主义现代化建设的关键时期，社会经济、文化的发展尚不平衡，城乡差别、社区差别等错综复杂的社会环境因素制约了社会体育的发展，也造成了社会体育发展的不平衡。鉴于这种情况，我国必须实事求是，脚踏实地，遵循区别对待、因地制宜的原则来发展各地社会体育事业，从各地的实际情况出发，做到具体问题具体分析，因时、因地开展相关工作，使基层人民群众真正参与社会体育活动，使社会体育充分融入大众生活中，如此才能扩大体育人口规模，取得良好发展成效。

我国在坚持实事求是原则、采取多元化小型社会体育组织形式的同时，也积极组织大规模的群众体育活动。不同类型、规模的社会体育活动相呼应，吸引了人们的注意，营造了浓郁的社会体育运动气氛，掀起了全民健身的热潮，而且各地的大众体育活动渐渐形成了规模、传统，对当地经济发展、人民群众生活产生了重要的影响。

（三）坚持竞技体育与社会体育协调发展

社会体育与竞技体育都是我国体育事业的重要组成部分，这两种体育形态性质不同，但联系密切，相互依存，相互渗透。我国体育发展历史表明，如果能够处理好竞技体育与社会体育的关系，将会促进我国体育事业的

繁荣发展，并对这两类体育形态各自的发展也有好处。从长远来看，必须坚持二者协调发展的原则。但也要根据特定历史时期的具体情况来集中力量着重发展其中一方，并依靠发展起来的力量去带动另一方的发展。

中华人民共和国成立以来，我国秉持着社会体育与竞技运动协调发展的原则，使二者相辅相成，才有了今天二者共同发展的良好局面。协调发展方针对我国社会体育的未来发展依然具有重要指导意义，我国要在新的社会条件下，继续统筹发展社会体育与竞技体育。

（四）正确处理社会体育与社会发展的关系

社会发展水平直接决定了社会体育的发展水平。只有社会发展到一定程度，才能为社会体育的发展提供充足的人、财、物等资源，社会体育才能依托这些资源而发展起来。社会体育与社会的结合点非常多，与社会系统关系密切，相互融合，因而有很多社会资源被吸纳到社会体育领域，为社会体育的发展提供了便利。但是，社会体育对社会其他系统的依附性过强，导致其独立性较差，很容易受社会环境的影响，因此社会发展水平也就成了社会体育发展规模与速度的决定性因素。

社会体育的发展历史表明，只有符合我国国情的社会体育发展政策才能顺利实施，才能取得成效。如果脱离国情，与社会发展水平不符，则会使社会体育陷入发展僵局，出现资源配置不合理、组织形式不被认可等问题。

此外，因为社会体育事业的发展中不止有体育系统参与，还有其他系统参与，社会体育是由社会多个系统共同组织管理的，不同的系统部门代表的利益需求是不同的，所以在社会体育发展中要善于对各方利益主体的关系进行协调，强化相互合作和相互作用的关系，减少冲突与矛盾，促进各部门在满足人民群众利益方面达成共识。

第二节　我国社会体育的发展现状及影响因素分析

一、我国社会体育的发展现状

（一）群众体育活动形成热潮

随着全民健身的全面推广和大力发展，社会体育的影响力越来越大，群众的健身意识也越来越强，社会上的大型体育活动越来越多，一些省份逐渐形成了大规模的全民健身节、体育艺术节等传统，产生了深远的社会影响。现在，社会体育活动内容越来越丰富，组织形式越来越多样化，社会体育更加贴近大众的生活，有效提升了人们的生活质量。全民健身热潮的兴起对推动全民健康发展起到了重要的作用。

（二）新型社会体育组织领导体制和组织网络初步形成

随着社会体育活动规模的扩大、参与人口的增加，为了进一步加强对社会体育活动的监督与管理，我国逐步建立起纵贯省（自治区、直辖市）、市、县、乡，横跨行业系统、群众组织、社会团体，政府领导、体育行政部门组织，各方齐抓共建的新型社会体育组织领导体制。[①]在新的组织领导体制下，社会体育的发展模式不断改革，呈现出法律保障、行政推进、社会建设的特征。

此外，我国社会化的体育组织网络也初步形成，该组织网络以各种体育社会团体为线，以体育活动中心、体育指导站为点，拥有广阔的覆盖面、极大的包容量以及强大的适应性。

（三）社会体育经费条件有限

充足的体育经费是社会体育发展的基本保证。我国社会体育的发展速度、发展水平都直接由经费投入数量、筹资渠道的多少决定。现在，国家财政拨款、社会团体自筹是我国社会体育事业发展的两大资金来源，但仍然以国家财政拨款为主，对政府过度依赖。但是，政府体育经费在竞技体育上投入得较多，用于社会体育的经费比较少，而且地方政府经济压力大，对当地群众体育的支持力度较弱，从而制约了社会体育的进一步发展。

另外，我国社会体育自身造血机制欠缺，造血功能弱，而且社会团体投资社会体育的力度较弱，导致支撑社会体育发展的资金投入不顺利，严重阻碍了社会体育的发展步伐。

（四）社会体育活动场地短缺

当前，影响我国居民参加体育锻炼的原因中，体育场地缺乏是排在前列的因素。近年来，我国加大社会体育场地设施建设力度，不断完善社会体育公共服务，健全社会体育物质保障，优化社区体育运动物质环境，从一定程度上改善了运动场地不足的困境。然而，我国体育人口众多，体育场地设施相对有限，个体拥有的体育场地设施数量并不能完全满足健身需求。

此外，我国社会体育场地以小型运动场地为主，容纳人数有限，而且一些场地设施年久失修，利用率不高，基本处于废弃状态，这些场地的荒

① 马斌. 社会体育促进健康的理论与实践 [M]. 沈阳：沈阳出版社，2011.

废实则是体育资源的极大浪费。不仅如此，单位所有的体育场地设施对外开放力度还不够大，周边辐射性差，从而制约了大众积极参与社会体育活动的热情。

（五）社会体育指导员力量不足

社会体育的发展有三大支柱：一是法规制度，二是场地设施，三是社会体育指导员。可见，社会体育指导员作为社会体育的传播者和组织指导者，对社会体育发展的影响和作用之大。我国自20世纪90年代中期推行社会体育指导员制度以来，社会体育指导员数量越来越多，队伍逐渐壮大，而且国家对此给予了一定的重视与支持。但目前我国社会体育指导员的规模和素质远远达不到社会发展的要求，指导员数量不足、分布差异大、等级偏低、素质参差不齐、指导能力有待提高、老龄化等问题长期存在，导致我国社会体育的服务水平低下，影响了发展速度。

二、我国社会体育发展的影响因素分析

我国社会体育发展的影响因素大致可以归为三类，即人的因素、体育的因素和社会的因素。

（一）人的因素

人是影响社会体育发展的内在因素，也是最根本的因素。人的体育需要、体育条件以及人口问题对社会体育发展的影响是巨大的。

1.人的体育需要、体育条件

随着人们收入水平的提高和生活条件的改善，其生活观念、体育观念不断改进，参加社会体育活动也越来越频繁，以此满足自身对健康、生活品质的需要。人们的体育行为是在体育需要的刺激下产生的，先有了内在需要和动机，才产生了体育参与行为。人们对体育的需要是无穷无尽、广泛多样的，而且这种需要的层次也在不断提高。这种内在动机刺激了社会体育发展层次的提升，也使满足人们日益增长的体育需要真正成为社会体育的实质。

人们参与社会体育活动，既要建立在产生内在体育需要的基础上，又要建立在具备一定体育条件的基础上，只有体育需要和体育条件这两项都满足了，才有参加体育活动的可能，而将这种可能变为现实的关键在于人们所树立的体育观念和体育意识。人们参加社会体育活动的现实性是由体育观念意识决定的。为了使社会大众的体育需要得到充分满足，必须不断培养与提升其体育观念和意识，引导其随着社会的发展而积极转变观念。

同时也要不断改进和完善社会体育条件，为人们顺利参与体育锻炼创造良好的体育物质条件。

2. 人口问题

对于任何一个国家来说，国民经济、社会事业的发展都必然会受到该国人口的影响。当然，我国社会体育事业的发展也受到人口因素的影响，而且人口因素是社会体育众多影响因素中的首要因素。我国发展社会体育，必须要以我国的人口状况为依据。

当前，我国人口特点是总量大、发展不平衡、素质参差不齐、贫富差距大、流动人口多，此外还存在一些突出的人口问题。我国人口总量大，使得我国社会体育的发展拥有广阔的市场，但人口问题也造成了我国社会体育事业发展的压力和困难。

（二）体育的因素

社会体育、竞技体育、学校体育是我国体育事业的三个重要组成部分，三者关系密切，相辅相成。学校体育、竞技体育的发展对社会体育发展产生了重要的影响。

1. 学校体育

体育本身就应该是贯穿人一生的一种社会生活方式，学校体育对人走出校门、踏入社会后的体育思想、体育行为有着重要的影响，而且这种影响在义务教育普及后变得尤为突出。

从学校培养出来的"体育人"，不管素质高度、水平如何，社会体育都要全部吸纳进来，可见社会体育的发展受学校体育的影响很大。如果学校体育培养出来的是合格的"体育人"，那么当众多合格的"体育人"走向社会后，社会体育将获得良好的发展，社会体育的发展规模、发展水平都将不可估量。但如果学校体育输送的不是合格的"体育人"，那么社会体育的发展就会受阻，社会体育环境将会变得混乱。所以，要推动社会体育的发展，就要把好学校体育关，通过学校体育培养合格的"体育人"。

2. 竞技体育

在我国，竞技体育有着特殊的地位，它是我国体育实力的集中反映，以至于一提到体育，很多人大脑中第一个出现的就是竞技体育，很容易将体育和竞技体育画等号。但我们必须澄清，竞技体育并不是体育的全部，它只是体育的一部分，是少数人甚至极少数人的体育，面向的群体主要是专业教练员、运动员。

　　竞技体育是体育的重要组成部分，社会体育同样是体育的一个重要组成部分，它们处于平等的地位。竞技体育的发展对社会体育的发展有着极其重要的影响。竞技体育对人的精神层面产生了积极的影响，如培养人们的体育兴趣，使人们主动学习体育知识，引导人们树立正确的体育价值观，提升人们的体育道德素养和体育精神，促使人们参与体育运动，以此满足健身娱乐、休闲享受以及追星的需求。社会体育是全民参与的体育活动，竞技体育对人民群众精神层面的积极影响无疑促进了社会体育的发展。

　　（三）社会的因素

　　社会经济因素、文化因素对我国社会体育事业的发展具有不同程度的影响，分析如下。

　　1. 经济因素

　　社会发展是以经济为基础的，社会体育的发展也必然以经济为基础。我国经济发展水平直接决定了我国社会体育的发展规模、发展速度、发展水平以及发展层次和趋势。社会体育发展需要大量的资金和良好的物质条件，而政府在经济上对社会体育的扶持能力如何（如建设公共体育设施、投入专项资金、建设社会体育指导员队伍、资助社会体育社团等）、社会向大众提供物质条件的能力如何，都直接受国民经济的影响。

　　此外，每个社会个体的经济收入水平、消费水平，社会体育市场的发展程度、社会人口的体育消费结构等，都直接由社会经济发展水平决定。

　　2. 文化因素

　　我国社会体育的发展建立在历史悠久、内涵丰富、文化底蕴深厚的中华民族传统体育的基础之上。中华民族传统体育在很大程度上影响着现代体育思维观念、体育内容与形式、体育方法与评价等，并且在现代化、全球化的转型发展中与西方体育文化相互碰撞、相互融合。

　　中华民族传统体育是由我国 56 个民族各自的传统体育组成的，各民族的传统体育对中华民族传统体育的形成和发展产生了重要影响，也对各民族自身的大众体育发展有重要影响。

第三节　我国社会体育的发展思路

　　当前，我们要大力发挥我国社会体育发展的民族优良传统，从中吸取成功的经验，总结失败的教训，并从我国社会体育发展的现状和主要影响因素出发探索社会体育的可持续发展之路，通过发展社会体育这一战略举措而早日实现全民健康的目标。

针对现阶段我国社会体育发展的现状、问题以及影响因素，未来我国要从以下几方面出发来努力扭转社会体育发展的僵局，开辟新的出路。

一、更新体育观念

全民共同参与是我国社会体育全面发展的基础条件，我国社会体育人口还未达到理想的规模。对此，必须正确引导社会群众，使其树立正确的、先进的体育观和健康观，对社会体育尤其是民族体育的优势有充分的认识，从而在科学观念的指导下积极参与社会体育活动。

二、充分发挥国家职能

从我国社会体育的发展历史来看，社会体育需要国家政府部门的领导和推动才能获得长足发展，政府部门的责任是不可推卸的。现在，我国改变了曾经重竞技体育、轻大众体育的局面，提出了竞技体育和社会体育共同发展的重要战略。体育事业发展战略的转变在一定程度上冲击了原有的体育管理体制，为满足新的体育战略方向的需求，改革传统体育管理体制势在必行。因此，政府体育行政部门要继续履行职能，扶持落后地区的社会体育，稳定推进全国范围内的社会体育工作，监督全民健身计划的实施，促进全体社会成员身体素质的全面提升。

为保障社会体育自由稳健地发展，政府体育行政部门在行使职能时要实现从"办体育"向"管体育"、由"直接、微观管理"向"间接、宏观管理"的方向转变。

三、有效实施全民健身计划

我国面向全国人民群众提出的全民健身计划已经成为推动社会主义现代化建设的一项重要举措。全民健身计划将重点放在青少年、儿童群体上，他们的健康成长与祖国的强大和民族的繁荣息息相关，因此他们的健康得到了全社会的关心。当前，我国要继续有效实施全民健身计划，同时要做好农村体育、职工体育、社区体育、家庭体育等工作，关心社会弱势群体的体育参与情况，并大力推广少数民族体育，使全民健身计划落实到社会的每一处，使社会体育融入社会的每个细胞，全心全力提升全民健康素质，增强民族素质。

四、优化体育场地设施条件

我国社会体育事业起步比较晚，体育人口越来越多，但公共体育场地设施的建设速度赶不上体育人口的增长速度，供应与需求的矛盾越来越突出，要缓解这个矛盾，必须尽快解决场地设施数量短缺和质量不合格的问题，彻底优化社会体育物质环境。

要尽快解决体育场地设施的问题，就要从以下几方面努力。

第一，体育行政部门、社会体育管理部门应该增加资金投入，将体育彩票收益中的体育专项经费用于社会体育事业。

第二，有效吸纳政府其他行政部门及非体育社会团体为支持社会体育事业给予的补助。

第三，鼓励拥有体育场地设施的单位适当对外开放，促进现有体育场地设施利用率的提升和实用价值的发挥。

第四，完善相关立法，将体育设施建设纳入城市土地使用规划中，完善体育场地设施布局，为大众体育健身提供便利。

五、有效衔接学校体育与社会体育

学校体育作为学校教育的重要组成部分，侧重于教学，培养学生的健康体质、体育知识素养和运动技能，社会体育侧重于培养大众的体育锻炼意识和体育锻炼习惯。社会个体经历十多年的学校教育之后踏入社会，学校教育时期所学的体育知识、运动技能对其走向社会后的体育行为有重要影响，因此可以说，学校体育是社会体育的基础，开展学校体育教育是发展社会体育的一个重要条件。鉴于学校体育和社会体育的关系，必须将二者有效地衔接起来，促进二者的互动发展，进而实现融合发展。

六、健全法律保障体系

为推动我国社会体育的规范发展，我国不断出台相关政策法规，但是关于社会体育工作具体开展的细则尚不明确，从而制约了社会体育规章制度的有效落实。对此，政府部门需尽快建立和完善社会体育相关政策法规，各地政府有关部门需结合本地实际情况提出关于发展社会体育的工作规划，使社会体育工作有法可依、有章可循，确保社会体育活动的经常化、规范化。

另外，为鼓励各地积极贯彻执行社会体育相关政策，政府部门还应建立一套关于社会体育工作开展的管理机制，将工作检查、监督、评估和奖惩等系统融入其中，在各地、各单位的成绩评估中将社会体育开展情况作为一项指标，真正将社会体育工作纳入地方发展规划中。

七、培育专业人才

随着我国社会体育的不断发展和体育参与者的不断增加，社会对体育指导型、组织管理型人才的需求越来越大，技能要求也越来越多，培养社会体育人才，提高社会体育指导员的技能与素养迫在眉睫。在培育社会体育专业人才方面，不仅要增加社会体育指导员和组织管理人才的数量，还要合理分布社会体育指导员人才，统筹安排社会体育指导员、管理者在不同地区的分布，从而充分发挥专业人才的价值，使其为我国社会体育事业的可持续发展作出杰出的贡献。

（一）大力培养社会体育指导员

在社会体育活动中从事技能传授、锻炼指导和组织管理等工作的全体人员就是公益型社会体育指导员。社会体育指导员是我国非常重要的体育人才，在体育事业和体育产业发展中发挥着巨大的作用。

按照技术等级，可以将社会体育指导员从高到低分为四个级别，即国家级社会体育指导员、一级社会体育指导员、二级社会体育指导员和三级社会体育指导员。社会体育发展对社会体育指导员的基本素质要求见表2-1。

表 2-1　社会体育指导员的基本素质要求 [①]

基本素质	素质内容
思想道德素质	以增强人民体质为目标
	道德修养
	法制观念
	事业心、责任心等
科学文化素质	基本文化知识
	政策理论知识
	基础理论知识
	组织管理知识
	锻炼指导知识
	科学研究知识等
工作能力素质	锻炼指导能力
	组织管理能力
	科学研究能力
	指导下一等级社会体育指导员的能力等

① 马斌. 社会体育促进健康的理论与实践［M］. 沈阳：沈阳出版社，2011.

社会体育指导员的主要工作方式包括义务从事社会体育指导工作、应聘担任社会体育指导的工作、开展社会体育指导的有偿服务、开展经营性社会体育指导工作。社会体育指导员主要履行如下职责：

第一，指导居民科学健身，促进居民健身水平的提高。社区社会体育指导员要从不同健身人群的实际情况和需要出发选择适合不同人群的健身项目。在具体进行健身指导时，要与社区体育文化及社区体育传统结合起来，采用科学、合理、有效的方法进行健身指导，提高居民健身效果。

第二，配合社区体育组织开展社区体育活动。社会体育指导员要通过各种有效的方式来对社区居民体育锻炼的积极性与自觉性加以调动，使社区居民都真正参与到全民健身活动中，促进居民健身意识的增强与体质健康。

第三，普及科学健身理念。社会体育指导员能否在社区体育健身活动中充分发挥自己的指导作用，对社区居民的体育锻炼进行有效指导，主要取决于其自身的体育科学素养。因此，在健身指导工作实践中，社会体育指导员要不断充实自己，不断学习，了解先进的科学健身理念与健身方法，并及时将其用到指导工作中。同时加强对科学健身知识的宣传与普及，使社区居民科学地参与体育健身活动，增加社区健身的活力。

第四，引导居民合理进行健身消费，促进居民健康投资意识的提高。社会经济的进步与发展为全民健身活动的广泛开展提供了良好的市场环境与物质条件，全民健身的普及又推动了体育健身娱乐、健身咨询服务、康复保健等各类体育市场的发展与壮大，职业社会体育指导员走进社区，与公益型社会体育指导员共同进行社区体育健身指导工作，为居民健康服务。现在，居民的健康观正不断变化，这方面的消费意识也在不断加强，合理的体育健身消费与健康投资可使居民的生活水平和身体素质得到提高，同时能够带动体育产业的进一步发展。

在社会体育指导员的培养中，国家级培训基地（以体育学院为龙头）和各省（市、区）培训基地、站（点）发挥了主要作用，但是我国还没有动员社会力量来培养社会体育指导员，各运动管理中心与单体体育协会在培养社会体育指导员方面的潜力和能力还未得到发挥。可见，我国培养社区社会指导员的途径比较单一，需要进一步拓展培养途径，完善培养体系。

我国社会体育指导员的培养途径主要有以下几条。

第一，体育主管部门的培养。体育主管部门要以各地区社会体育发展水平为依据制定相应的社会体育指导员培养规划，按照规划对社会体育指导员进行分层分级培养。

第二，社会体育指导员培训部门的培养。各级培训部门要加大培训力度，大力培养基层社会体育指导员。

第三，职业型社会体育指导员培训基地与社会体育指导员职业技术鉴定中心（站）的培养。采用"双轨"方式（公益型和职业型社会体育指导员共同发展）对公益型社会体育指导员进行培养。

（二）发挥高校的人才培养功能

高校是培育高等人才的重要阵地，我国培养社会体育专业人才要发挥高等院校尤其是高等体育院校的作用，在院校合理设置相关课程，储备优秀的体育人才资源，根据社会体育发展的需要对后备资源的专业技能、专业素质进行培养，使其将来充实到社会体育指导员队伍和管理团队中。

第四节 我国社会体育的展望

我国社会体育已经取得了巨大的发展成就，随着全民健身的进一步发展，社会体育将迎来美好的明天。下面将对现如今我国社会体育的发展走向进行总结。

一、科学化趋势

社会体育学对社会体育的发展具有重要的理论指导意义，随着社会体育学层次结构的不断优化、知识体系的不断完善及其与世界大众体育研究的相互借鉴和融合，以社会体育现象为主要研究对象的社会体育学越发成熟、完善，对社会体育的科学发展起到积极的引导作用。

随着社会体育理念的不断更新，社会体育活动形式、方法及手段也越来越先进，大众与社会体育活动之间也逐渐形成了双向交流模式，传统的单向沟通模式渐渐退出社会舞台。与此同时，随着我国对社会体育指导员培育力度的重视，社会体育指导员的专业指导能力、服务能力也得到了提升。这样，主动参与社会体育活动的人越来越多。人们采用现代化设备与手段开展社会体育活动，使社会体育的选择性更强，活动形式更灵活，活动效果也更加符合群众的实际需要。人民群众参与内容丰富、设备先进、方法多样的社会体育活动，逐渐形成健康的生活方式，拥有健康的体质和自我保健能力。

随着现代科技的不断发展，科学技术在社会体育中的渗透将越来越全面、深刻，社会体育发展决策不断彰显出民主化、科学化趋势，社会体育发展体系中科学技术和人才作为两大发展因素将占据越来越重要的地位，发挥越来越重要的作用。在社会体育科学化发展中，将会出现越来越多科技含量高、适应性强的体育健身器材和方法，社会体育的信息化水平也将显著提升。"科学参与体育运动"将在社会群体中进一步达成共识。社会上能够为大众开具科学运动处方的体育组织、团体将不断增加，社会体育科学服务将不断普及。

二、生活化趋势

为适应体育人口对社会体育的多元需要，社会体育内容结构将不断完善，社会体育活动内容将兼顾不同性别、年龄、兴趣爱好和体质的社会群体的不同需求，根据不同人群的生活环境、需要设计个性化的体育活动，使社会体育与人民群众的实际生活越来越贴近。

当前，我国社会消费热点逐渐向健身、欣赏等方面转变，体育消费市场发展前景广阔，曾经被认为高消费的体育产品和服务将不断面向普通消费市场，贴近大部分人的消费水平。而且，随着人民群众收入水平的提高，曾经的"贵族运动"也将获得更多人的体验，社会体育活动的生活化层次表现出"高移化"倾向。①

三、社会化趋势

在人民群众体质健康日益受到关注与重视的今天，为进一步促进社会体育与全民健身的发展，政府体育行政部门和社会体育组织将进一步共同构筑牢固的组织体系，不断完善社会体育服务，共同推进社会体育治理，促进社会体育发展。在政府与社会同在的组织体系中，政府将不断放权给社会体育团体，进一步发挥其作用。在社会体育管理中强调社会体育团体的指导作用，有助于促进群众体育意识的深化、社会情感的强化以及社会和谐。

为早日实现全民健康的目标，我国不断健全与完善社会保障体系，未来，以社区为单位组织居民参加体育活动的形式在城乡中将越来越多，以社区为中心的社会基层体育组织将不断拓展和普及。以地域建立体育组织能够进一步加强基层体育组织的横向联系，并有利于促进社区居民参加体育活动的便利和活动空间的拓展。

随着政府体育部门对社会体育事业管理职能的转变，在社会体育的社会化发展中，体育社会团体、事业单位和其他中介组织的作用将会更加突出。当前，我国社会化的体育组织网络已经形成，政府体育行政部门领导

---

① 徐晓燕. 社会体育学 [M]. 杭州：浙江大学出版社，2013.

体育组织网络中各单位积极有序地开展复杂的社会体育工作，国家与社会共同参与社会体育管理的格局已成为我国社会体育事业社会化发展的一大特色。

四、法制化趋势

我国是法治国家，必须以法律形式控制、监督与调节社会体育的发展，我国的体育行政法规主要有《中华人民共和国体育法》《社会体育指导员管理办法》《全民健身计划纲要》《中华人民共和国监督法》等。这些法律文件的出台与实施初步形成体育法规体系框架，使我国体育事业走上法治之路，我国社会体育法制现代化进程随着体育监督机制的建立与完善而加快了脚步。

我国社会体育的发展需要法律的规范、约束和保护，社会体育工作的开展全面贯彻依法行政、依法治体的原则。我国社会体育法律法规体系的建立与社会主义市场经济体制高度契合，不断完善的社会体育法规体系进一步加强了社会体育行政执法监督，法律手段将在社会行政管理中发挥重要的作用，将与行政手段长期共存。

随着社会体育法制理念的深入和依法治体的贯彻，我国越来越重视采用立法手段来解决社会体育发展中一些长期存在的问题，如公共体育场地设施建设问题、体育经费筹措问题、社会体育指导员培育问题等，从而使人民群众的体育权益得到保障与维护。与此同时，社会体育组织和体育人口的法制意识也逐渐提升，体育法律法规日益成为社会体育基层组织和体育人口保护自身合法权益的重要武器。

五、产业化趋势

在市场经济条件下，随着经济的发展和人民生活水平的提高，我国体育产业的发展迎来了良好的机遇，体育产业逐步成为国民经济新的增长点。

在现代社会中，人民群众的健康需求越来越强烈，体育产业需继续加快发展自身发展速度，扩大市场，尤其是健身休闲市场，以满足更多人的体育需求，为实现全民健康的目标作出贡献。

随着现代人消费观念的转变、消费水平的提升以及消费层次的提高，体育消费大幅度增长，社会体育消费的巨大市场潜力得以释放，社会上流行起了"健康投资""为健康买单"的新风尚。在这一社会氛围中，体育消费市场逐渐向休闲健身、竞赛表演等领域延伸和拓展，社会体育产业及相关产业将得到进一步的发展。

第三章　各类社会体育的发展研究

社会体育包括社区体育、农村体育、职工体育等丰富多样的形式与内容。在全民健身背景下，要全面发展社会体育事业，充分兼顾社会体育各部分的发展，提高不同社会群体的健康水平，推动社会体育整体的大繁荣，促进全民健康。本章重点对社会体育重要组成部分的发展进行研究，包括社区体育、农村体育和职工体育的发展，客观分析它们当前的发展困境，并明确指出改革与发展的建议和策略，以期为促进各类社会体育的发展提供一些指引和参考。

第一节　社区体育发展

一、社区体育概述

（一）社区体育的概念与结构

1. 社区体育的概念

社区体育，是指以社区内生活的全体成员为主体，以社区的自然环境及所有体育设施为物质基础，以增进社区成员身心健康，满足社区成员体育需求，发展和巩固社区感情为目的，遵循就近就便的原则而开展的区域性群众体育活动。①

2. 社区体育的结构

社区体育主要由社区体育组织、社区成员、社区体育经费、社区体育设施、社区体育管理者和指导者、社区体育活动六大要素组成。

---

① 周学荣，谭明义. 社会体育学概论［M］. 哈尔滨：黑龙江人民出版社，2004.

（1）社区体育组织：社区体育开展的组织保证。

（2）社区成员：社区体育的活动主体。

（3）社区体育经费：社区体育的经济条件。

（4）社区体育设施：社区体育的硬件条件。

（5）社区体育管理者和指导者：联系社区体育各要素之间的纽带。

（6）社区体育活动：社区体育的具体表现形式。

社区体育的各个要素在社区体育体系中发挥着不同的作用，缺一不可。

（二）社区体育的特征

1. 区域性

社区的人员组成、体育场地设施、体育指导与管理、体育经费的筹措等都是以社区为范围的，充分体现了社区体育的区域性特征。社区体育的区域性强调社区体育的自主和自治。社区居民可以在自己的居住区域范围内自主开展和参与体育活动，促进身心健康和情感交流，强化社区意识，协调人际关系，大大增加社区活跃性，促进社区和谐。

2. 公共性

社区体育的公共性特征主要体现在社区体育活动设施方面。在社区体育中，通过充分利用社区各项体育资源来开展体育活动，包括社区的绿化带、公园、广场以及其他的公共设施等资源。社区体育活动设施所表现出的公共性也反映了社区体育的公益性。

3. 服务性

提供服务是社区体育的主要特征与功能之一，社区体育提供的服务主要包括体育组织与管理服务、体育场地设施服务、体育咨询和指导服务、体育活动计划服务等内容。

4. 空闲性

社区体育是指在生产劳动、生活、学习、工作之余，人们通过利用空余时间自由参与的一种休闲和放松的活动。由此可见，社区体育具有空闲性的特点。

5. 健身娱乐性

社区体育与社会体育有着共同之处，两者都具有娱乐性和健身性特点，就社区体育而言，其娱乐性与健身性是统一的，这也反映了人身心合一的特点。

6. 民间性

作为独立的社会团体，社区体育组织具有较强的民间性特点，它具有相对独立的活动章程和组织机构。

7. 多质性

社区体育所具有的多质性特征主要体现在全体社区成员方面，即使社区成员之间有着不同年龄、不同性别、不同职业、不同的兴趣与爱好以及不同的体质与健康状况，但都能找到适合自己参与的社区体育活动，从而参加日常的健身活动。

8. 灵活性

在社区体育中，社区成员之间有着各种各样的需求，并且这些需求千差万别，在组织时应采用灵活多变的工作方式和形式来进行，做到因地、因时、因人而异，这样才能满足社区各成员的不同体育需求。

（三）社区体育文化与社区体育服务

1. 社区体育文化

社区体育文化是社区文化的一个重要组成部分，也是一个特定领域中的体育文化。社区体育文化是社区文化和体育文化的下位概念，其比社区体育的范畴要大，主要包括物质文化与精神文化，是二者的总和，这两种文化都是由社区居民创造而来，创造的途径与载体便是体育活动。社区体育文化是人类体育实践活动及其物质与精神产品在特定时空——社区内的反映和体现，这是社区体育文化的实质。社区体育文化具有以下几个特征。

（1）时代性

传统的体育文化需要社区体育文化的继承才能不断发展，社区体育文化传承传统体育文化才能促进社区体育活动独特风格的形成。社区体育文化不仅要传承传统的体育文化，也要与时代的发展相适应，不断增添新的内容，以体现出其时代性特征。

（2）共享性

社区居民是参与和创造体育文化活动的主体，也是对社区体育文化活动成果进行维护的主体，居民通过参加社区体育活动，锻炼身体，愉悦身心，相互交流与沟通，对健身与养生的方法进行切磋与建议，以此来增进感情，这有利于促进社区凝聚力的不断增强。

（3）指向性

社区居民通过有计划、有目的地参加科学的体育健身锻炼，不仅能够促进其身心健康水平的提高，促进其体质的增强，促进其对不同环境适应能力的提高，使居民能够保持青春与活力，而且能够使居民在锻炼的过程中对原有的疾病进行治疗或缓解，促进康复进程的加快。因此，社区体育文化具有促进居民身心健康，增强居民体质，帮助居民保持身心愉悦的指向性特征。

（4）教化性

在参与不同类型的社区体育活动中，社区居民一定要对有关规则严格遵守，对锻炼群体的相关约定自觉执行，对体育精神文化（集体主义价值观、团结意识、拼搏精神、正确的健身理念等）热情接受，这有利于社区风气的净化。

（5）多样性

因为社区居民都有自己不同的特质，所以每个居民都有不同于他人的体育文化形式，这主要体现在体育文化的服务对象、设施以及体育文化的形态、体制及运作方法等内容中。社区体育文化倡导居民要以自身的实际需要为依据，对不同的体育形式与内容作出正确的选择。

2. 社区体育服务

（1）社区体育服务的概念与含义

社区体育服务就是对体育这一方法、手段与途径进行运用的社区服务。社区体育服务包含于社区服务这个大的系统中，与社区服务的基本概念是相符合的，社区服务的功能同时是社区体育服务的功能，社区服务的特色也能够从社区体育服务中体现出来。除此之外，体育的性质与特征也是社区体育服务所具备的。

可以对社区体育服务的概念作出如下界定：社区体育服务是在政府的支持与指导下，通过对社区内体育资源进行开发与利用，对社区内成员进行组织与发动、对体育原理和方法进行利用而开展各种互助性的健身、娱乐和休闲等活动，以不断促进社区成员健康水平的提高，使人们相互交往、联络感情等精神生活需求得到满足，是具有福利性质的社会服务。

社区体育服务的含义主要从以下几方面体现出来：

第一，社区体育服务具有社区服务的属性，主要体现在互助性和福利性方面。

第二，社区全体成员都是社区体育服务的对象。

第三，促进社区居民健康水平的不断提高，维护居民的健康水平，使居民的社会交往需求得到满足是社区体育服务的目标。

第四，通过对体育的原理与方法进行利用来开展社区体育服务。

第五，健身锻炼以及多种多样的休闲娱乐活动是社区体育服务的主要途径。

（2）社区体育服务的基本途径

要实现社区体育服务，主要采取以下几条基本途径。

① 传播体育与健康知识。社区中各类体育组织和社区体育服务的相关人员要通过不同形式和方法来传播体育与健康知识，使居民基本了解体育与健康的基础知识，促进居民体育活动参与积极性与自觉性的提高。

② 社区体育设施建设。体育活动的开展要以场地、设施为基本保证，社区体育服务的工作要做好，就需要加强场地与设施的建设，为居民参与健身活动提供方便。

③ 健身锻炼指导。社区中的体育组织和社区体育服务的相关人员要对社区居民的科学锻炼、合理健身进行有效的指导，使他们能够对与自身实际情况相适应的健身方法进行选择，通过健身促进其身心的健康。

④ 组织体育表演和竞赛活动。定期对社区体育表演和竞赛活动进行积极的组织，对社区居民之间沟通情感、增进友谊十分有利，同时对加强社区的凝聚力和归属感也是有效的。社区中组织的表演与比赛活动要考虑到全体居民的可参与性，要选择方便开展的项目，以此来促进居民参与的积极性。

⑤ 培养社区体育骨干。促进社区体育服务效果提高的重要途径之一是对社区体育骨干进行培养，并使骨干的带头作用充分发挥出来。培养骨干的主要方式就是创办培训班，对体育天赋较高的人进行专业指导，对不同健身活动的骨干成员进行全面培养，能够对社区居民产生良好的带头作用，积极影响社区居民参与到体育健身的行列中。

二、社区体育发展的重要意义

作为社会体育事业的重要组成部分，社区体育具有多方面的现实意义，如增进居民健康、丰富居民生活、提升居民生活质量等。坚持开展丰富多彩的社区体育活动，有助于推动中国特色社会主义建设和社会体育事业的发展。

概括而言，发展社区体育的意义主要体现在以下几方面。

（一）推动社会转型

随着社会的不断发展，人们的主要活动阵地逐渐从单位转向社区，对体育的需求也随着健康观念的更新、生活方式的转变而不断增长。因此，在人们的社区生活中，健身娱乐已成为不可或缺的组成部分。为满足居民体育健身和娱乐休闲的需求，要求基层社区体育组织充分发挥体育服务和体育管理职能，加快社区体育建设进程，进而推动社会转型发展。

另外，随着市场经济的不断发展和社会经济类型多元格局的形成，自由职业者越来越多，他们在体育锻炼方面游离于单位以外，而对社区体育的依赖性也很强，因而在社区体育发展中要特别关注这类群体的体育健身和体质健康。

（二）发展全民健身

我国实施全民健身计划，推进社会主义精神文明建设，都需要以社区作为一个重要载体，这对进一步改革与完善社会体制、发展社会体育事业具有重要意义。社区是社会体育事业发展的一个基本点，也是大众生活的基本点，社区体育是社区文化建设的一个重要组成部分，也是全民健身计划实施的重要"根据地"。因此，社区体育在全民健身计划实施中是非常重要的一环。

在全民健身工程的建设中，社区体育提供了良好的环境和充足的条件，而全民健身工程又为社区体育的开展提供了强大的政策支撑和舆论支持，二者相辅相成、相得益彰。

（三）提高居民生活质量

社区体育健身项目科学又健康，体育活动形式丰富多样，为居民提供的体育服务既周到又有质量，有利于促进文明健康的社区生活方式的形成，使社区居民养成良好的运动习惯，进而对推动社会主义精神文明建设具有重要意义。

（四）增强居民的社区意识

社区体育所具有的凝聚功能主要体现在社区居民心理要素的培养方面，即培养社区居民的社区意识，促使社区居民积极主动地参与社区活动。为了使社区体育更好地发挥凝聚功能，就要使所有社区成员都能认识到社区体育是社区成员相互依存的重要载体。社区体育的目的是使社区成员的体育需求得到最大限度的满足，社区各成员既有享受社区体育发展成果的权利，又要承担与社区体育发展相关的义务。

（五）促进社区文化发展

对于社区文化的概念，有广义和狭义两方面。广义的社区文化是指除了社区政治和经济之外的所有的社会现象。狭义的社区文化是指社区居民所参与的文娱活动，主要包括社区体育活动方式、社区体育活动的内容、社区体育的场地设施、社区体育规章制度、社区体育组织形式，以及社区居民所表现出的体育道德风尚、体育精神，社区居民所具有的体育价值取向和体育意识等。

三、当前我国社区体育发展的困境

（一）社区体育场地设施条件有限

开展社区体育活动，必然需要充足的体育场地设施，这是发展社区体育的基础条件之一。随着全民健身计划的实施，我国不断加大社区体育设施建设的投入力度，但因为社区体育人口多，体育需求量大，导致现有的体育场地设施依然无法满足居民体育锻炼的实际需要。

此外，我国很多城市都存在公共体育基础设施建设落后的问题，体育设施建设的规划存在诸多不合理的地方，甚至有些城市在建设体育基础设施中对生态环境构成了威胁，违背了可持续发展观。这样不仅使居民的锻炼环境存在隐患，而且严重影响了国家生态环境建设。

（二）缺乏体育指导员

随着居民健康观的不断发展，对体育运动的健康价值的认识越来越深刻，因而纷纷参与社区体育，将此作为保持健康的重要手段之一。也正因如此，各大社区由居民自发组织的体育活动越来越多，尽管居民参与热情很高，但活动效果不太理想，这主要是因为缺少专门人才的科学指导。

我国社会体育起步较晚，正规的专业性强的社会体育指导员数量严重不足，配备充足体育指导员的社区很少。社区体育活动的开展缺乏专业指导，居民参加体育活动有一定的盲目性和不合理性。运动健身促进人体健康的前提是运动方法正确，运动处方科学，但如果居民的体育锻炼不科学、不合理，不仅不会增进健康，反而会出现运动损伤，给健康带来危害。因此，培养充足的、优秀的社会体育指导员是解决我国社区体育发展困境的一大重要手段。

（三）行政部门管理职能不明确

社区体育的兴起与发展是社会发展的必然趋势，是体育社会化的重要产物之一，也是城市精神文明建设的一个重要组成部分。因此，大力发展社区体育对发展全民健身、促进全民健康、实现健康中国梦具有重要意义。社区体育的健康发展离不开体育职能部门的支持和引导，但目前我国体育职能部门还不够健全，基层体育行政部门的职能尚未完善和充分发挥，总体上管理职能处于缺失状态。

四、我国社区体育的发展策略

针对上述我国社区体育发展的困境与问题，我国必须从现实出发，采取针对性策略和措施来解决社区体育发展的实际问题，推动社区体育的进一步发展。

（一）解决场地设施不足的问题

鉴于当前我国社区体育场地设施不足和规划不合理的问题，应从以下几方面予以解决。

第一，将社区体育场地设施建设纳入城市改造及环境综合治理的规划中，从全局出发合理规划社区体育场地建设。

第二，对社区体育场地设施配置标准加以制定与完善，按标准兴建社区体育场地设施，在场地建设的投资上采取国家、社区以及企事业单位多方共同投资的模式。

第三，采用法律手段落实体育场地设施建设规划和配置标准，从法律上保障社区居民的体育参与权。

第四，合理开发社区周围企事业单位、学校的体育场地设施，为社区体育活动的开展提供便利。

（二）大力培训社区体育指导员和管理员

当前，我国社区体育指导员和管理员队伍比较薄弱，不仅数量少，而且素质整体有待提高，尤其缺少懂体育、会组织、能管理的全面型体育人才，这就要求有关部门重点培养专业素质高的社区体育人才，使制约社区体育发展的人力资源因素从根本上得到解决。

为提高人才培养效率，应充分发挥体育院校的资源优势和育人功能，开设专业课程，在社区设置体育培训班，培养社区体育骨干的专业素质。另外，也可以将退役的教练员吸引进社区体育指导员和管理员队伍中，充分发挥他们的专业优势，提高社区体育水平。

在社区体育指导员培养与培训过程中，还应该加强对这一队伍的科学管理。按照社区体育指导员的工作方式，可将其分为两种类型：一种是在经营性体育场所担任一定的劳动岗位，并从事指导工作的指导员；另一种是在非经营性体育健身活动中担任指导工作的指导员。对这两类体育指导员进行管理，采用的培训方式、考核方法及管理方式均有差异，主要应从指导工作的规律、特点和要求等方面出发进行考虑。无论对哪类体育指导员进行管理，都需要科学建立体育指导员管理模式，提高社区体育指导的管理效果，具体应从以下几方面来考虑。

第一，社区体育指导员是在一定体育组织和场所担任指导工作的，所以要结合相关社区体育组织［社区基层体育社团、社区体育俱乐部、社区体育活动点（站）等］来对其进行管理。只有将社区体育指导员的管理工作融入社区体育组织的管理体系中，才能提高管理效率，促进社区体育指导员工作水平的提高。

第二，在社区体育工作评估与社区体育组织建设评价体系中纳入社区体育指导员管理工作，对各级体育健身组织和场所拥有的社区体育指导员的数量加以明确，在评建先进体育社区时将此作为主要指标之一。同时，还要加强社区体育指导员联系沟通渠道、管理档案与日常指导地点的建立，并鼓励群众客观评价社区体育指导员的指导工作。

第三，推动社区体育指导员工作的激励机制不断完善，建立表彰奖励制度，大力提高体育指导员工作的积极性。

（三）加强不同行政部门之间的协作配合

当前，我国社区体育发展中存在着行政部门参与力度弱和管理职能不明确的问题，对此，必须确定相关部门的管理主体地位，明确各自的职责权限，动员有关部门协调配合，共同管理社区体育相关事务，形成多方联动的管理机制，提高管理效率和实际效果。

在多方联动管理模式的构建中，应该将体育部门、卫生部门、教育部门、社会体育组织等部门纳入管理模式中，发挥各部门的战略健康主体性，同时鼓励社会有关企业参与社区体育活动的组织管理，最终实现个人健康、社区健康和社会健康。

第二节　农村体育发展

一、农村体育概述

（一）农村体育的概念

农村体育，是指在县级以下广大农村开展的，以农民为主要参加对象，以提高农民身心健康水平，丰富农民精神文化生活，促进社会主义物质文明与精神文明建设为主要目的的大众性体育活动。①

---

① 田雨普等. 农民体育发展战略研究［M］. 南京：南京师范大学出版社，2009.

农村体育既是我国社会体育事业的重要组成部分之一，也是农村文明建设的重要内容。发展农村体育，对推动社会主义现代化建设具有重要意义。

（二）农村体育的特点

1. 广泛性和艰巨性

农村体育面向庞大的农村人口，遍布全国各地的数以亿计的农村人口是农村体育的参与主体，因此，农村体育具有广泛性。

农村经济水平与城市有一定的差距，一些农村地区开展体育活动的条件不足，存在场地少、器材单一、缺乏组织，再加上农民文化程度相对较低、村干部缺乏重视等问题，因而开展农村体育活动的任务艰巨。

2. 自发性和季节性

农村体育活动往往是一种自发行为，有些集体性体育活动也是群众自发开展的。喜欢体育与娱乐的农民临时组队开展体育活动，这类活动具有民间性、广泛性特征。自发组织的农村体育活动是农村体育发展的重要基础。

农民大都是在农闲或重大节日期间参加体育活动，农忙季节休息时偶尔也参与一些娱乐性体育活动，但时间不连续，这体现了农村体育的季节性特征。

3. 随意性和灵活性

农民往往根据自己的喜好和需求自由选择体育项目和灵活参加体育活动，这体现了农村体育的随意性。随着农村物质生活的改善、农民闲暇时间的增多、农村人口中年青一代文化水平的提升，农村体育活动越来越丰富，农民参加体育活动也越来越随意和自由。

农村体育活动的组织形式非常灵活，既有单独进行锻炼的体育活动，也有集体性的体育活动；既有农民自发组织的体育活动，也有专门机构组织的体育活动，形式多变，体现了农村体育的多样性和灵活性。

二、农村城市化进程中的体育建设

（一）农村城市化

农村城市化指的是人类进入工业社会时代，社会经济发展中农业活动的比重逐渐下降，非农业活动的比重逐步上升的过程。农村城市化是农民生活方式、生活环境、生活质量不断改善和提升的过程。

农村城市化的定义使我们对城市化的本质有正确的把握，充分认识到现代生产方式和生活方式的获得及改进是城市化过程的重要体现。基于对农村城市化的正确理解,我们在农村城市化进程中能够以更加灵活的思维和方式对农村体育问题进行处理。

关于农村城市化的含义,有人曾认为这是农村人口向城市集中的人口结构变化的过程,这种片面的认识使在农村城市化进程中处理有关问题时缺乏灵活性,将重点一味放在增加城市数量、扩展城市面积和容量等方面,政策走向也向此倾斜。而当这些方面的自然发展与我国国情不相符时,解决农村城市化的相关问题时又把目光转向小城镇。但实践表明,这种指导思想是片面的,存在诸多的不合理性,在这种指导思想下我国广大农村在城市化进程中的体育问题并未从根本上得到解决。

当前,我们将"城市生产和生活方式的获得"确定为农村城市化的本质特征,因而在农村体育发展指导思想更加明确,能够以更符合实际的政策、更灵活的方式去处理农村体育的相关问题。为推动农村城市化进程,需要大力发展农村体育,增进农民健康,充分发挥农民群体的社会价值,进而促进农村经济的发展,使广大农民实现"获得城市生活方式"的目标。

(二)农村城市化为农村体育发展提供了良好条件

农村城市化建设为农村体育的发展提供了良好的条件,具体表现在下列几方面。

1.农村经济的发展为农村体育提供了发展的动力

随着农村城市化的不断推进,农村社会发展出现了"三集中"模式:农民住房向城镇集中;农田向农场集中;工业向园区集中。随着"三集中"模式的形成,"中心镇"的模式也逐渐开始出现。农村城市化带来了农民市民化的人口结构变迁现状,这极大地增加了农产品需求量,促进了农产品市场规模的扩大,对农业分工不断细化、农业产业化发展、农业产业链的形成具有重要意义,最终提升了农民群众的收入水平。

农村体育的开展与农村经济有着密切的关联,农村城市化提高了农民收入水平,农民对自身健康和生活质量的问题更加关心,因而逐渐开始关注休闲体育,产生体育需求,促进了农村体育的快速发展。

2.农村生产和生活方式的改变对农村体育提出了新要求

建立在工业化基础上的城市化实际上就是"三农"(农业、农村、农民)的非农化过程,这明显改变了农村的生产和生活方式,进而对农村体育的发展提出了更多、更新、更严格的要求。

第一,农村城市化使农村传统生产方式发生了极大的变革,农村大量的剩余劳动力转移到第三产业中,使农村社会原有的单一分工模式被打破，农民的体育劳动强度与之前相比明显减少，但伴随着分工的变化也增加了他们的精神负担，迫切需要在体育运动中缓解压力。

第二，农村城市化促进了农村生产的工业化和现代化变革，部分农民摆脱了繁重的生产劳动，获得了一定的自由，虽然体力消耗减少了，但是一些有损健康的新问题随之而来，因而需要通过体育运动的方式来预防和缓解。

第三，农村城市化后农民向"准市民"变化，过上了准城市生活，对精神文化生活的需求不断增加，逐渐形成了健康文明的生活方式，并将体育作为日常生活的一部分。

3.人口素质的提高为农村体育的发展提供了基础

农村居住分散的问题随着农村城市化有了变化，居住方式的改变促进了农村教育的普及。农民正在接受更多的教育来适应充满竞争的社会环境，这就促进了农村教育的进一步发展和农民文化素质的提升。

农民的文化水平与农村体育参与度之间的关系是成正比的。农民文化素质的提升使落后的传统农村休闲观从根本上发生转变，农民越来越认可体育休闲，并在现代城市文明的影响下树立了正确的休闲价值观，开始接受体育消费。

（三）农村体育建设加快了农村城市化进程

从客观上而言，农村城市化发展对农村社会的发展起到了重要的推动作用。从主观上而言，这也对农村社会的组织管理提出了更高的要求，如组织管理科学化、合理化、民主化等要求，从而与城市化发展步伐相适应。农村城市化促进了农村社会各方面的发展，其中就包括农村体育的发展，反过来，农村体育的发展也能够推动农村的城市化进程。

第一，随着农村体育的不断发展，农民的身体健康水平越来越高，身体是革命的本钱，只有身体健康，才能在农村城市化进程中适应新工作、新生活，因而农民健康促进了农村物质文明建设和农村经济的发展，加快了农村的城市化建设脚步。

第二，农村体育的发展促进了农村居民情感的升华和关系的协调，促进了农村社会行为的规范和农民形象的美好，整体上优化了农村社会环境，促进了农村精神文明建设。

第三，农村体育的发展丰富了农民的精神生活，使其以良好的精神面貌和昂扬的斗志参与工作，推动了农村城市化的发展。

第四，随着农村体育的不断发展，农村体育场地设施环境越来越完善，兴建的健身广场、活动中心成为农村的亮丽风景线，美化了农村居住环境和生活环境，这对真正意义上实现农村城市化目标起到了重要作用。

三、当前制约我国农村体育发展的主要问题

总体来说，我国农村体育在不断发展，取得了一定的发展成果，如农村体育人口的增加、农村体育场地设施的完善、农村体育活动的丰富多样，等等。但目前仍有一些问题制约着我国农村体育的发展，在农村城市化建设中，解决农村体育发展的现实问题迫在眉睫。

概括而言，当前制约我国农村体育发展的主要问题有以下几个。

（一）农村社会群体分化不彻底

农村改革和农村城市化发展引发了农村群体的分化，进而使农村社会阶层、结构发生变迁。农民改变了单一的职业模式，职业范围不断扩大，并向非农民领域突破。我国农村体育人口分布呈"马鞍型"特征，中青年体育人口占比较少。农村青壮年多进城务工，因为多方面因素的限制，城市的农民工阶层难以被纳入城市社区体育的关照范围，而且他们又与农村体育根基相脱离，但没有与农业生产完全脱离，他们在城乡之间徘徊，这一群体分化的不彻底严重制约了其体育参与的积极性。

农村城市化发展引起了农民阶层的分化、流动以及社会职业的分化，这对农村体育提出了新的发展要求。社会流动引起的农村体育问题也给城市体育带来了影响，这是体育主管部门在城乡体育规划中面临的一大难题。

（二）农村体育资源匮乏

农村体育的发展离不开良好的基础设施条件。当前，我国农村体育场地设施条件虽然有所改善，但依然不能满足广大农民健身的需求。有些落后的农村地区严重缺少体育场所，存在多个村庄共用一个公共体育活动场所的现象。体育设施的匮乏制约了农民体育锻炼的积极性，也使农民参与体育的权利得不到充分的保障。

我国农村体育设施资源不仅总量少，而且类型单一，没有针对不同年龄段群体的体育爱好提供丰富多样的体育设施服务，如少儿喜欢能玩轮滑、滑板的平坦场地，年轻人喜欢篮球场，老年人喜欢广场等。单一的农村体育设施资源甚至不能完全满足某一类群体的体育锻炼需要。

（三）农村基层体育组织管理落后

农村基层体育组织管理落后对我国农村体育的发展造成了严重的阻碍。第一，基层体育部门缺少充足的经费和人力资源，农村体育的开展缺

少专项经费的支持和专门人员的指导。

第二，农村基层体育组织建设落后，导致很多地区完全没有有组织性的农村集体体育活动，农民体育休闲娱乐生活一片空白。

第三，很多农村没有专门的体育管理机构，大多由村干部负责管理，但村干部大部分时间忙于与经济发展有关的工作，导致农村体育活动大都是自发的、盲目的。

第四，农村体育管理系统对农村体育的辅助管理大都在县区一级就不再往下发展，乡镇地区很少专门设立相应的辅助机构。

四、我国农村体育发展的策略

（一）加大宣传力度，培养农民的体育价值观

农村比较普及的传播媒介主要是广播、电视，利用这些传播媒介来普及体育健身将起到很好的宣传效果。通过宣传和普及体育文化，可引导农民重视健康，重视体育休闲，正确理解体育的价值功能，理解体育的精神。在农村体育宣传中，应将奥运会项目、民间特色体育项目、普及性的健身娱乐项目等作为重点宣传内容，丰富农民的娱乐文化生活。

随着农村体育文化的宣传与普及，关注体育的农民越来越多，此时要趁着这股热潮来培养农民的运动兴趣和积极性，不断强调体育锻炼对身心健康、防治疾病的重要作用，抓住农民追求健康的共同愿望来大力传播体育运动的健康价值，激发农民参与体育锻炼的正确动机和热情，逐渐培养农民的良好体育锻炼习惯，促进农民持续健康发展。

（二）加大农村体育场地设施建设力度

从农村地区经济发展情况、土地规划情况、特色体育发展情况出发，统筹规划体育场地设施建设，对城乡体育经费和物质资源进行合理调配，适当加大对农村体育的投入力度，保证满足农村体育活动开展的基本需求，进而从根本上解决农村体育发展中基础设施建设落后和广大农民群众不断增加的体育需求之间的矛盾，为农民提供良好的体育设施服务。

农村体育设施建设离不开政府的重视，各级政府要给予大力支持，在城镇建设规划中纳入体育设施建设的内容，使新农村的体育设施水平与总体建设保持一致，有力推进农村体育的发展。

在农村体育场地设施建设中，要集中解决建设资金的问题，扩大筹资渠道，建立多元投资体制和开放型运作格局，充分发挥地方政府、社会企事业以及体育组织和个人等多方面的力量。

（三）完善农村政府的体育管理职能

在健全与完善农村政府体育管理职能时，要重点从以下几方面来落实具体工作。

第一，农村体育的直接管理部门是乡政府，乡政府应在乡镇经济发展规划和乡村建设的总体规划中纳入体育事业方面的内容，从思想上高度重视乡村体育的发展。

第二，乡政府内部成立专门的体育工作小组，负责对乡村体育工作计划的设计和组织乡村体育活动。

第三，县级体育部门监督乡镇体育组织的职责行使情况，督促乡政府尽快落实乡村体育工作的细节。

第四，举办体育培训班，对农村体育骨干、农村社会体育指导员进行培养，建设优秀的农村体育人才队伍。

第五，组织农村体育赛事，鼓励企事业单位和各个家庭成员参赛，也可以组织乡镇之间的友谊赛，促进乡镇之间的文化交流。

（四）在新农村建设中推动"农民体育健身工程"的开展

农村体育在新农村建设中拥有了更多的发展机遇，获得了良好的发展条件，新农村建设给农村体育的发展注入了新鲜的血液。在新农村建设中，开展"农民体育健身工程"是一项非常重要的任务，也是推动新农村体育发展的重要载体和途径之一。因此，对于"农民体育健身工程"的开展，必须给予扶持与鼓励。

在开展"农民体育健身工程"过程中，应明确对象和目标、突出重点，该工程的主要实施对象是行政村，重点是建设村级公共体育场地，从而形成覆盖农村的体育服务体系。同时，在推广与实施"农民体育健身工程"的过程中，要公开透明，加强保障和监督，真正落实国家的投资，并将部分监督权交给农民，使农民真正参与到"农民体育健身工程"的实施中，保障农民切身的权利和利益。

利用新农村建设推动"农民体育健身工程"的开展具体可从以下几方面来实施。

1. 培养农村骨干力量

农民健身意识不成熟是农村体育发展中面临的一个重大问题，大部分农民都想了解如何科学参与体育锻炼，如何提高体育健身效果，但因为农民基数大、人员分散、需求多元等，所以仅靠少数的乡镇体育专职人员对农村体育活动进行指导是无法满足农民需要的。这就需要大力培育体育骨干力量，发挥体育骨干队伍在农民体育健身活动中的指导作用。

（1）开设体育指导培训班

在农村，利用农闲时节，体育主管部门通过开设体育指导员培训班，对农村体育骨干、体育指导员、体育积极分子等体育人才进行培养，使这些人才在农村体育活动中充分发挥自己的指导作用，使其对体育科学知识进行宣传，将体育技能传授给农民，对农民群众的科学锻炼给予正确指导，对群众的体育消费进行合理引导。在体育骨干培养中，要重点对其思想道德素质和业务能力进行培养。

（2）制定优惠政策

政府应注重对退役运动员的合理调配，对在基层组织中就业的高校体育教育专业大学生给予积极的引导和鼓励，使其在工作之余担任体育指导员角色，从而使农村体育指导员队伍不断充实与壮大。农村体育指导员队伍规模的壮大有助于推动农村体育规模化、网络化、科学化发展，可促进农村体育人口的不断增加。

2. 积极开展体育竞赛活动，大力发展体育人口

体育竞赛可以有效带动群众体育的发展，对农村体育健身活动的开展具有积极的引导、指导及规范作用。经常开展特色体育赛事，可提高农村体育活力，提高农民体育参与的积极性。广泛开展农民喜闻乐见且与生产劳动、地域文化密切相关的体育活动，不但能够将农民参与体育活动的积极性调动起来，而且能够推动农村物质文明和精神文明建设，保持农村体育的旺盛生命力。

发展农村体育需要坚持以人为本的原则，即一切从农民的需要出发，促进农民全面发展，使农民的根本利益得到保障。在农村，要对农民的物质生活水平和精神生活需求给予充分的关注，不断提高广大农民的文化素质，改善其生活条件，使其精神生活不断充实。农村体育活动具有明显的娱乐性，而且参与者广泛，这也是农村体育活动有较强参与性和广泛影响力的主要原因。即便如此，参加体育活动的农民在农村人口总数中所占的比例还非常小，而且以青壮年人群居多，小孩、老人、妇女参与体育活动的情况比较少见，这就造成了农村体育人口少，多数是"看客"的现象。这明显不符合国家提出的全民健身运动方针。对此，各级政府及基层组织应加强对农村体育的宣传组织，将农村体育事业同农村科教文卫事业放到同等位置，大力开展农村体育工作，结合地方风俗、艺术、习惯等相关内容发展农村体育事业，加强农村体育文化与其他传统地方文化的融合，让

健康的文化深入影响农民生活的各个方面。

3. 实施体质监测

我国农村体育事业是在不断的摸索中前进与发展的，要对发展实践成果进行检验，就要建立科学的评估体系，从而促进农村体育体系的逐步完善。在科学评估中，主要是检查农民通过体育锻炼是否实现了身心健康、休闲娱乐的目的。一般采取体育主管部门评定、农民自评及二者相结合的方法进行评估，然后在分别评估的基础上进行综合评定。

实施体质监测需从三方面展开：一是建立农民体质监测制度；二是加强监测工作人员培训；三是定期进行体质监测并将监测结果和信息发布出去，为政府和农民提供咨询服务。

4. 发展农村体育产业

发展农村体育产业，必须对当地的经济发展情况和农民的物质生活水平进行充分的考虑，具体从以下几方面来推动农村体育产业的发展。

（1）因地制宜，开发特色体育项目产业

随着社会经济的发展，体育领域出现了新的发展趋向，越来越多的人在体育锻炼中喜欢向自然挑战，追求体育中的享乐。于是，野外体育项目被大量开发，野外体育产业蓬勃发展。农村自然性的健身场所非常广阔，而且大都具有天然特色，各地区可根据地形优势对滑沙、登山、攀岩、蹦极、漂流、冲浪、山野马拉松等农村体育健身项目进行开发。这不仅可以吸引城市居民与大自然亲近，使更多的居民在体育活动中挑战自然、战胜自己，从中体验成就感并获得满足感，而且可增强农民体育健身意识与体育锻炼的积极性，促进农村体育产业的发展，带动农村经济增长，提高农民收入水平，增加农民体育消费。

（2）结合农业生产特点，灵活发展农村体育

场地设施少、时间协调性差等是农村体育发展中面临的实际困难。因此，应从农村的实际情况出发，利用节日开展形式多样的体育活动。将农民喜闻乐见的项目（舞龙舞狮、拔河、赛龙舟等）作为表演和比赛活动的主要内容，在软硬件设施条件较好的乡镇加强对乒乓球、羽毛球等项目的推广，增加经费投入，加强对农村体育市场的培育与开发力度。

（3）拉动体育相关产业的发展

在农村体育产业发展中，具有民族特色和地区特色的资源是重点开发的宝贵资源，对这些特色资源进行开发，形成特色项目与特色产业，可优化本地区的形象，提高本地区的知名度，从而吸引更多的消费者前来，这

样特色体育产业的发展就有了市场。此外，对特色体育相关产业进行开发，还需将当地的人文条件、自然条件等进行充分利用，重点开发体育健身娱乐产业、体育旅游产业等以娱乐为主的体育产业。

5. 引导体育消费多元化

农村体育改革的前提是加快农民市民化进程，转变农民健身观念，使其陈旧落后的观念从根本上得到改变，这样才能开展其他改革工作。近年来，农村城市化进程不断加快，农民进城务工提高了农民的社会地位和收入水平，改善了农民的经济状况，生产生活方式也因此发生了相应的变化。同时，我国大力实施农业科技进步战略，提高了农业生产效率，相应地增加了农民的闲暇时间，这样农民在物质与文化生活中就具备了消费的财力和时间条件。随着我国城镇人口的不断增长，农民的心理状态、价值观也发生了一定的改变，农民的体育意识、体育价值观、健康观正在慢慢向城市居民靠拢。农民市民化后所产生的一系列积极效应有助于促进农村体育的普及和农村体育人口的增加。

要引导农民体育消费的多元化，需从以下几方面进行。

（1）积极宣传新体育、新生活和全民健身

充分利用电视、广播、报纸、杂志、互联网、宣传栏、讲座等新闻媒体进行宣传，使农民意识到思想道德素质、文化素质的提升都是以良好的身体素质为物质基础的，认识到在社会进步与人类文明程度的评估中，要将体育普及程度作为一个评价标准，认识到生命在于运动，运动要讲求科学、合理与安全，使农民树立正确的健康投资观和健身消费观。

（2）促进农村体育服务业的发展

仅仅依靠国家的投入来推动农村体育服务业的发展是远远不够的，利用民间资本以及对不同性质的健身服务业进行开发可补充和推动农村体育的发展，促进农民体育需求的满足。地方政府可制定优惠的土地政策、税收政策等，从而对农村健身服务业的发展给予鼓励和支持。政府还可以向体育相关企业提供人才、技术、信息等服务，降低企业的经营成本，提高企业的竞争力，从而将各种公益或低偿的健身娱乐体育服务提供给农民。

（3）加强对农村体育信息服务市场的开发与管理

制定农村体育服务的信息发布制度，向市场和农民提供准确信息，加强对各种从业资格和服务标准的规范和完善，为广大农民群众的体育健身提供更全面、质量更好的服务，同时为有关部门制定和实施相应政策提供可靠的信息和参考。

（五）构建多元一体化农村体育发展模式

无论举办什么活动，发展什么事业，都要制定相应的符合发展需求的运行机制和框架模式。农村体育事业的发展同样如此，构建符合我国国情的农村体育发展模式对推动农村体育的发展具有重要意义。现阶段，我国农村体育的发展模式主要包括学区体育发展模式、小城镇体育发展模式、民族体育发展模式、产业化体育发展模式以及社区体育发展模式，如图 3-1 所示。

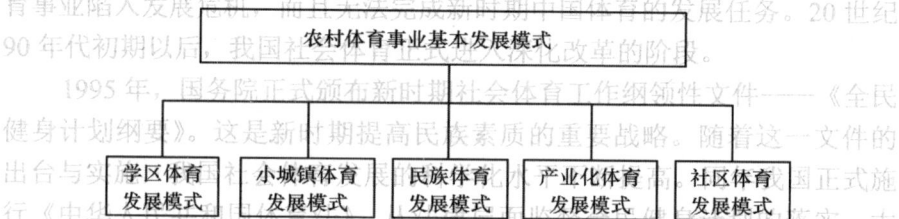

图 3-1　农村体育发展模式 [①]

尽管我国现行的农村体育发展模式较为丰富，但依然存在资源不统一、全员参与性低等问题，而且其中的民族体育发展模式、产业化体育发展模式尚不成熟，发挥的作用有限，各方面主体为农民提供体育服务方面没有达到高度的协调统一。为解决这些问题，在新农村发展目标的指引下，在社会转型的关键时期，要大力改革，构建与我国新农村发展指导思想与发展目标相适应的体育事业发展模式。

有学者从我国农村体育的发展现状入手，提出了构建小城镇、学校、社区（农村）和家庭四位一体的农村体育多元发展新模式。

多元一体化农村体育发展模式的组织网络如图 3-2 所示。这一组织网络不仅能够保障农民体育参与的时间连续性，拓展农民的体育参与和学习空间，还能使有关部门相互协调，保持农村体育发展大目标和大方向的统一性。在这一组织框架中，政府、社会、学校、家庭共同支持农村体育，满足农民的体育文化需求，有利于进一步普及农村体育文化，推动农村体育事业的可持续发展。

---

① 刘巍. 新农村体育事业发展问题研究［M］. 北京：中国物资出版社，2009.

持续发展。新时期社会体育□□□□将是长期的、艰巨的，需要政
府部门、社会□□□□□□□□民群众的共同努力，相信在举国上下的全面推
动下，我国社会□□□□□□□□□□□□的前景。

二、我国社会体育发展历史中总结的经□

□□□□□□□□立以□□□□□□□□育□□□□□□□□□□的一项大
规模的社会实践，经历了□□□□□□后，取得□□□□成就，积累了极为丰富
的经验。这些经验概括起来，□要□□□□□□□□内。

（一）坚持党和政府的科学领导□□

我国是发展中国家，也是人□□□□□□展社会体育面临诸多困境和
困碍，如财力不足，体育资源和□□□人口□□水平低□□等。面对这些难
题，我国□□□□□□坚持党和□□□□领导，这□是□□□□□□□煌成就
我国社会□□□□□□□□□亦表明□□□□□和政府□□□□□□□充分发挥
政府的职能□□□□体育才具备发展的前提条件。

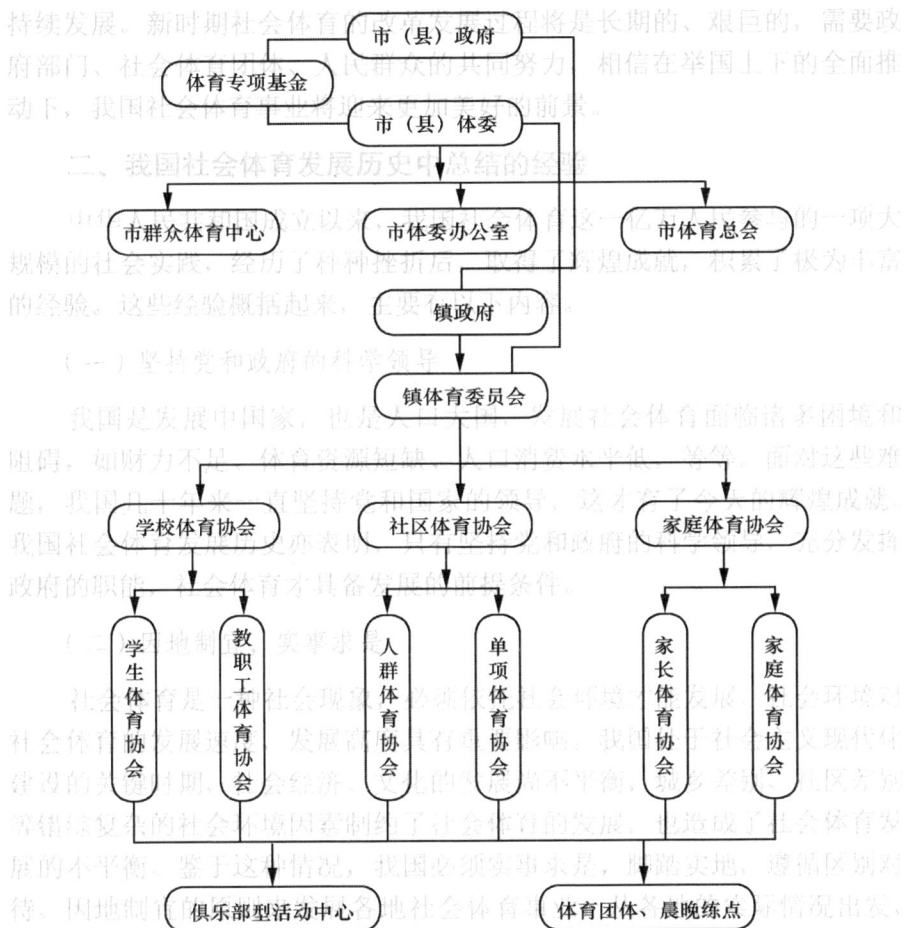

图3-2　多元一体化农村体育发展模式的组织网络①

多元一体化模式打破了各单位在体育服务方面的分离现状，加强了资
源整合，集中力量解决农村体育发展的困境，最大限度地满足了农民体育
锻炼和体育教育的需求。多元发展模式综合了小城镇、学校、社区和家庭
的优势，形成了优势互补格局，对促进农村体育的协调发展非常有利。

为保障多元一体化农村体育发展模式的顺利运作与可持续健康发展，
应建立全面的保障体系。具体依据农村体育的发展目标，立足学校体育、
小城镇体育、家庭体育、农村（社区）体育发展现状，以资源保障条件和

① 田媛，肖伟. 新型城镇化背景下我国农村体育发展方式及实现路径研究［M］.
北京：群言出版社，2017.

制度保障条件为思路，确定融体育经费保障系统、体育设施保障系统、体育服务保障系统、体育人才保障系统以及体育制度保障系统在内的完整的农村体育多元一体化发展保障体系，如图3-3所示。

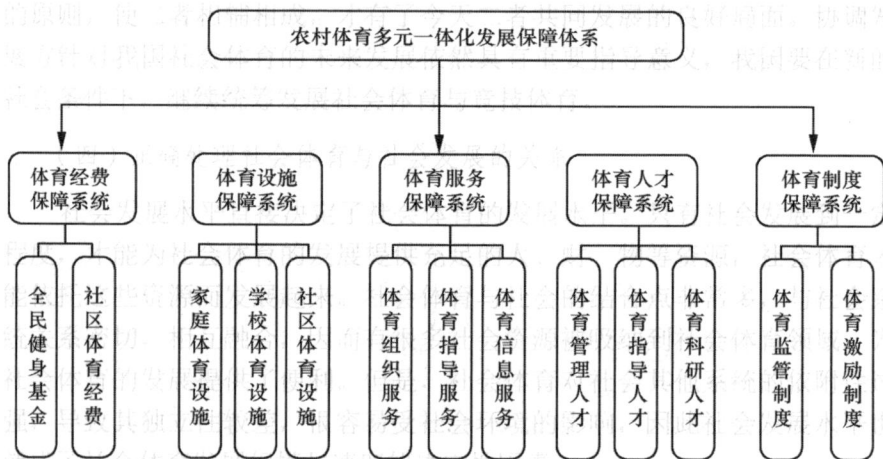

图3-3 农村体育多元一体化发展保障体系①

在农村体育多元一体化发展保障体系中，每个系统都发挥着重要的作用，缺一不可。

1. 体育经费保障系统

体育经费保障系统明确了农村体育发展资金的主要筹集渠道，即全民健身基金和社区体育经费。

2. 体育设施保障系统

体育设施保障系统主要由家庭体育设施、学校体育设施、社区体育设施构成，它们共同为农村体育活动的开展提供了基础设施保障、单项运动设施保障、综合性体育设施保障。

3. 体育服务保障系统

体育服务保障系统的目标是面向广大农民提供体育组织服务、体育指导服务、体育信息服务，以进一步扩展农村体育的服务领域，提高多元一

---

① 田媛，肖伟. 新型城镇化背景下我国农村体育发展方式及实现路径研究 [M].
北京：群言出版社，2017.

体化农村体育发展模式的服务质量。

4.体育人才保障系统

在体育人才保障系统中，强调大力培养体育管理人才、体育指导人才及体育科研人才，建设优秀的农村体育人才队伍，为农村体育的持续健康发展提供人力与知识保障。

5.体育制度保障系统

体育制度保障系统主要由体育激励制度和体育监管制度组成，前者的作用在于表彰和奖励农村体育先进者和基层体育组织，激发其贡献意识；后者侧重于对农民体质监测、农民健康咨询以及农村体育资源和活动的监管。

第三节　职工体育发展

一、职工体育概述

（一）职工体育的概念

职工体育一般是指在厂矿、企业、事业单位和机关所开展的，以职工为参与主体，以提高职工身心健康水平，丰富精神文化生活，促进社会主义物质文明与精神文明为主要目的的大众性体育活动。[①]

职工体育是我国社会体育的重要组成部分。随着社会的进步和社会文明的发展，职工队伍越来越壮大，职工的文化水平和经济收入也越来越高，这为职工树立正确的体育观念提供了良好的基础条件，促使越来越多的职工通过体育手段来增进健康和丰富文化生活。开展职工体育不仅能促进职工队伍身体素质的提高，还能促进其思想的进步，进而促进其工作态度的改善、工作积极性的提升以及工作效率的提高。

（二）职工体育的活动形式

1.企业成立的体育俱乐部

一些大型企业为了满足职工的体育健身和休闲需求，成立了足球、篮球、乒乓球、羽毛球等常见项目的俱乐部，职工可以可以自由参与一个或

---

① 周学荣，谭明义．社会体育学概论［M］．哈尔滨：黑龙江人民出版社，2004.

多个俱乐部，在俱乐部外聘体育专业人员的指导下参加健身活动或俱乐部比赛。

2. 企业运动会

企业运动会一般由企业集团总部组织，一年一次，举办时间通常是固定的，但也随着企业发展战略的变化或其他不可抗因素而改变举办时间。企业运动会有综合性运动会，也有单项运动会，或企业组队参加社会运动会。企业集团的分公司也会定期举办小型运动会，使各个层级的企业职工都有机会参加企业内部的体育活动。

3. 企业体育赛事

企业文化艺术节是企业文化的一种重要表现形式，在艺术节期间，公司组织形式多样、内容丰富的活动，其中不乏休闲娱乐体育活动，使广大员工的文化生活得到了极大的充实。企业文化艺术节中的体育活动多以比赛的形式开展，如篮球比赛、乒乓球比赛、游泳比赛、围棋比赛等，还有各种文体结合的会演活动，充分满足了员工对体育健身和休闲娱乐的需求。

4. 企业拓展训练

企业拓展训练是指企业组织职工在自然环境下集体参与以磨炼意志、陶冶情操、完善人格、熔炼团队为目的的体育活动，培养团队的协作精神，促进企业凝聚力的提升。

(三) 职工体育的特点

1. 业余化、小型化

职工体育活动在市场经济条件下具有鲜明的业余化、小型化特征。现代社会竞争异常激烈，企业面临的市场竞争压力非常大，员工几乎不可能在工作时间进行体育锻炼，企业也不再像以前那样常常组织大型的、集中性的企业活动。企业中不论是管理者还是普通职工，对业余性体育活动慢慢接受，员工在业余时间参加的体育活动以灵活多样的小型活动居多。

2. 组织方式多样化

在传统经济体制下，企业职工体育活动具有分割性、封闭性，组织方式单一，而随着市场经济体制的建立与深入发展，职工体育活动的组织方式不仅丰富多样，也越来越稳定。例如，企业建立不同项目的俱乐部，员工自愿参与，对自己的锻炼方式与时间进行自由安排。

3.管理方式多样化

我国职工体育原来采用的是指令性的运行机制与模式，主要由企业的行政系统组织和管理企业体育活动，如企业运动会、达标活动等。随着企业管理机制的不断完善，职业体育活动的业余化趋势越来越明显，以往采用行政手段组织职工体育活动的指令性管理模式渐渐衰退，非指令性职工体育管理机制逐渐形成，企业体育活动逐渐成为员工业余时间自由选择和自由参与的一种休闲活动。

职工自主参与体育活动的主体意识越来越强烈，可以自由支配自己的业余生活，职工体育呈现出自觉自愿的特征。但指令性的职工体育管理机制短时间内很难彻底消除，因此，目前职工体育管理中存在指令性管理模式与非指令性管理模式并存的局面。

二、职工体育内容的发展与变革

职工体育手段主要体现在职工体育内容上，体育内容是否合适，是否符合职工的需求，直接影响职工在业余时间的体育参与度。为了丰富和完善职工体育内容，培养职工良好的体育锻炼习惯，既要开发能够满足不同年龄、不同职业类型的职工的体育内容，又要因地制宜地开发健身价值突出、普及性强、适宜性广的体育项目。

基于上述分析，我国职工体育内容在发展与变革中呈现出以下几方面的重要特征与明显趋势。

（一）职工体育内容多样化

为更好地达到职工体育发展目标，职工体育内容的变革过程中应尽可能开发多样化的体育内容，从而将职工的参与积极性充分调动起来，进而实现最佳体育锻炼效果。

职工体育以职工的身体活动为基本手段，身体运动本身就是一个非常广泛的范畴，因而职工体育内容也是非常丰富的，既有滑冰、游泳、冲浪、登山、徒步穿越等自然环境下强身健体、娱乐休闲、预防疾病的身体活动，也有武术等民族传统类身体活动，还有篮球、足球、排球等在专门运动场地上严格按照比赛规则进行的身体活动，等等。多样的职工体育内容丰富了职工的业余文化生活，使职工劳逸结合，形成了健康文明的生活方式。

（二）职工体育内容长效化

职工体育内容长效化指的是职工长期稳定参与的体育项目，也就是适合各个年龄段参与的，且被职工纳入终身体育锻炼计划的体育项目。长效化的体育内容具有个体性、简便性、可控性和易于长期坚持性等特征。

一般来说，具备以下几个前提条件的体育项目适合成为终身体育项目：

（1）每个年龄段都适合参与；

（2）运动负荷可灵活调整；

（3）简便易操作；

（4）趣味性和普及性强。

基于以上条件，适合成为职工终身体育锻炼内容的项目有健身走跑、徒手体操、游泳等。职工体育内容的长效化对培养职工的终身体育锻炼习惯和促进职工持续健康发展具有重要意义。

（三）职工"轻体育"大众化

"轻体育"指的是形式比较自由，输赢不重要，但能够促进身心健康、愉悦的体育运动。"轻体育"从医学视角而言属于心理训练的一种。轻松愉快的轻体育活动能够促进人体内活性物质如酶、乙酰胆碱的分泌，这些激素能够对血液流量进行调节，促进神经细胞兴奋和新陈代谢加快，还能促进肠胃有规律地活动，非常有益于健康。

随着企业竞争的加剧和职工工作压力的提升，职工的业余时间变得越来越宝贵，职工利用业余时间参加轻体育活动而不是强对抗的竞技体育活动，主要是为了愉悦身心，放松自我。职工在余暇时间从事的"轻体育"活动具有下面几个显著特征。

1. 形式不统一，方式灵活

"轻体育"的活动方式十分灵活，集体参与或单独参与都可以，在室内参与或室外参与都可行，有音乐伴奏或无音乐伴奏均可。职工可以完全凭自己的兴趣和意愿自由选择。

2. 运动时间自由，能量消耗少

"轻体育"的运动时间不像有氧运动那样有比较严格的规定，职工参加"轻体育"活动的时间是比较随意和自由的，根据自己的闲暇时间或工作、生活的需要去自由安排就可以。如在上下班路上、在茶余饭后的休息时间、在起床后或睡觉前等零散时间自由轻松地参与，一切从自己的实际情况出发就可以。

"轻体育"是一类能量消耗比较少的轻松运动，对运动量没有要求，职工可灵活把握，但即使体能消耗少，只要方法得当，也能很好地调节身体组织器官的功能。

3.运动过程轻松愉悦，不注重结果

职工参加"轻体育"活动，对胜负得失是不计较的，只要能愉悦身心，对身心健康有益即可。职工从事"轻体育"活动，可以卸下所有的思想包袱和心理负担，也不必因为不精通此项运动而感到不好意思，更不用感到自卑，它本身就是帮人忘掉烦恼、摈弃消极情绪的一个过程，因而运动技能高低无所谓，只要运动过程轻松愉悦，通过参与这类活动消除了心理障碍，净化了心灵，陶冶了情操，就是最大的收获。

三、现阶段我国职工体育发展的主要问题

随着我国体育事业的发展壮大和社会经济的不断发展，我国职工体育呈现出良好的发展势头，如职工体育内容越来越丰富、职工体育人口不断增加等。但与此同时，我国职工体育的发展也面临着一些困境，如领导不重视、企业体育文化体系有待完善，以及职工体育组织方式陈旧、单一，等等。

（一）领导层缺乏重视

如果单纯追求员工的工作效率、工作质量和经济贡献，而忽视员工的精神文化生活与健康需求，则不利于企业的可持续发展。当前，很多企业的领导层对职工的身心健康培养不够重视，忽视了职工的体育健身需求，从而对职工体育的发展造成了严重制约。

企业领导层思想上不重视职工体育活动的开展，因而基本不会将企业资金投入能够给企业带来直接经济收益的活动之外的领域，经费不足导致职工体育活动的开展寸步难行。

（二）企业体育文化氛围不浓

职工的体育文化素养是其综合素质的组成部分之一，是职工在参与体育活动过程中形成的各种体育知识、能力、道德和行为的综合表现。随着企业市场竞争力的提升，职工的休闲时间相比之前有所减少，而且一些职工用玩电子游戏等方式来度过闲暇时间，体育锻炼活动时间在闲暇活动时间中占的比例较少。职工体育活动的缺失影响了职工之间的相互交流，制约了职工体育文化素养的提升，进而造成了企业体育文化氛围的缺失。

（三）职工体育方式有待创新

我国职工体育发展状况不乐观，也与企业体育活动的组织方式陈旧单

一有直接的关系。当前我国职工体育活动的相关职能部门一味沿袭以往组织方式，由上到下缺乏创新驱动，导致职工体育活动形式仍然以传统体育形式为主，如小型田径运动会、球类比赛、拔河比赛等，缺少更多丰富有趣的组织形式与活动内容，从而影响了职工的参与积极性。这也对有关部门组织体育活动的积极性造成了打击，最终导致企业体育文化氛围不浓厚。

四、我国职工体育发展的策略

加快职工体育改革发展，不仅对企业经济发展、企业凝聚力的提升有重要意义，而且能够促进企业职工的健康。当前，我国要重点从以下几方面来推动职工体育的进一步发展。

（一）领导层对职工体育给予高度重视

鉴于职工体育的发展对企业生产和发展、提高企业经济效益的重要作用，企业管理者应该对职工体育发展的重要性和必要性有高度的认识，从文化建设角度对职工体育活动的开展给予支持，这将是职工体育发展最大的支柱。

企业领导层对职工体育的重视应主要落实在职工体育经费的投入上，为职工体育建立专项经费，从经济上给予职工体育发展最根本的支持与保障。同时，为缓解企业在发展职工体育方面的经济负担，企业有关部门应开辟新的资金筹集渠道，扩大职工体育的经费来源。其中，吸引广告赞助是一种行之有效的筹资渠道，应结合企业实际情况加以采用。

（二）加强企业体育文化建设

在企业文化建设中，职工体育发挥着重要的作用。职工体育不仅代表企业的形象文化，也代表了企业的精神文化等，因而企业应正确认识并高度重视企业文化建设中职工体育作为一个基本载体的重要作用。

在职工体育改革发展中，对企业体育文化的地位和作用要有清晰的认识，要遵循市场经济规律建设企业职工体育文化，正确引导职工的价值观念、行为习惯，提升企业职工的综合素质，挖掘企业职工的潜力与价值，使其在企业发展中发挥更大的作用。

在企业体育文化建设中，要坚持多元化的职工体育文化建设方向，坚持在继承优秀传统体育文化的基础上发展现代体育文化，倡导职工体育文化内容的丰富多样性。此外，要根据企业的发展规划和战略目标开发企业体育文化市场，开辟企业体育文化阵地，强化企业体育文化制度建设，为企业体育文化在市场经济环境下的多元化发展提供良好的企业环境和可靠的制度保障，同时促进企业经济和企业体育文化的协同发展。

（三）完善职工体育管理体系

企业体育最终是为职工的健康服务的，职工健康最终又是为企业经济效益服务的。为了提升企业的经济效益，必须关注职工健康，而要促进职工健康，就必须开展职工体育活动。因此，企业应该在整体发展规划中纳入职工体育工作，以新的思路寻求职工体育的新突破，发挥体育的中介作用，将职工体质和企业经济发展有机地联系起来，使企业管理者从经济发展的角度出发，注重职工体育和职工健康，加强对职工体育的管理。

在职工体育管理体系的构建与完善中，企业要对职工合法参与体育锻炼的权益予以维护，提高职工体育服务水平。此外，要改变传统职工体育管理中由企业行政部门主办的方式，转而采取自主化管理方式，将职工体育管理权下放到基层，提升职工的自我管理意识与能力。

第四章　社会体育组织与管理的发展

社会体育涉及社会的各个方面，关系着所有社会成员的健康，这决定了社会体育组织管理的必要性和艰巨性。为了更好地发展社会体育，社会体育组织管理部门需要统筹社会体育资源，加强对社会体育活动以及相关因素的指导、协调与控制，保障社会体育活动的顺利开展，实现理想的社会体育总体目标。本章主要对社会体育组织与管理的发展进行研究，内容包括社会体育的科学组织和活动指导、社会体育管理的理论与方法、社会体育活动的安全管理以及社会体育管理的发展创新。

第一节　社会体育的科学组织与活动指导

一、社会体育组织管理的社会条件

社会体育工作的开展必须依托社会物质文明和社会精神文明，这是基本的社会条件，是对社会体育组织管理有深远影响的重要因素。我国社会政治、经济、文化条件均对社会体育组织管理产生了深刻的影响，社会体育组织管理部门对此应有充分的认识，并善于运用有利的社会条件，抓住社会机遇去组织社会体育活动，提高社会体育管理效益。

下面具体分析社会体育组织管理的社会政治、经济和文化条件。

（一）社会政治条件

我国各级各类体育职能部门均在社会主义制度这一政治背景下从事体育组织管理工作。社会主义制度从根本上要求我们将增强人民体质、提升民族素质置于社会体育事业的首位。

全民健身是我国社会体育事业发展的一项重要指导方针，在这一指导方针下，政府和社会高度重视群众体育锻炼和身心健康，社会体育组织管理逐渐形成了结构较为合理、功能比较齐全的完整体系。并且，政府机构中各级体育部门的设置越来越齐全，体育部门中设有专门管理人员，各种政府管理部门、社会管理部门相互配合，协调统一，对社会体育组织管理工作进行指导与监督，社会体育在宏观指导和市场调控的双重作用下取得了良好的成果。

（二）社会经济条件

一个国家的经济发展水平是该国社会体育组织管理的重要经济基础。近年来，我国社会经济迅猛发展，发展水平显著提升，发展成绩突出，为我国社会体育组织管理提供了良好的经济条件。我国社会体育组织管理面临着经费短缺、运动设施有限、城乡体育管理存在差异等问题，这些问题对我国社会体育的发展造成制约。为此，我国必须在继续发挥政府主导作用的基础上，全力依靠社会各界力量来开展社会体育组织管理工作，使用市场经济手段为我国社会体育组织管理提供良好的物质基础。

（三）社会文化条件

我国是历史悠久的文明大国，民族文化极其深厚，体育文化也在历史的积淀中、在与其他民族文化的融合中繁荣发展，产生了丰富多彩的体育活动内容，以及多元灵活的体育活动方式和组织形式。我国源远流长的民族体育、时节性的民俗体育、娱乐性的民间体育等各种体育活动民族特性鲜明，并与中国传统哲学文化、伦理道德文化、审美文化紧密结合，形成了多元文化统一发展的和谐局面。社会体育本身就是一种大众文化，社会体育的内容与形式必须与民族文化紧密结合才能稳固发展根基，实现长远发展。

二、社会体育的组织管理系统

社会体育组织与社会体育管理是密不可分的。社会体育活动的组织管理主要由政府系统和社会系统这两大系统负责，这两大组织管理系统又分别由一些具体的组织管理部门构成。

（一）社会体育的政府组织管理系统

政府组织管理系统是社会体育组织管理的主要系统，其中有些组织管理机构是专门管理系统，而有些部门属于非专门管理系统。

1. 专门组织管理系统

政府部门中全面管理体育事业的专门机构被称作专门组织管理系统，这是社会体育管理的主系统。国家、省（自治区、直辖市）、地（市）、县（区）等各级体育局和体委是主管社会体育工作的专门部门，是政府组织管理系统中专门系统的重要组成单位，各级部门在全国社会体育工作开展中发挥着重要的领导、监督和协调等作用，从大方向上引导社会体育的发展。

在政府专门组织管理系统中，最高职能部门是国家体育总局，它在社会体育事业的发展中发挥着主导作用，主要具有以下职能。

第一，出台社会体育政策法规，拟定社会体育发展规划。

第二，对全民健身计划进行全面推行。

第三，定期开展国民体质监测工作，严格监督各级单位对国家体育锻炼标准的实施。

第四，大力推动城市社区体育、农村体育、学校体育、家庭体育的协同发展。

2.非专门组织管理系统

我国卫生健康委、农业农村部、教育部、民政部等系统部门中设置了专门负责本系统体育工作的体育管理部门，它们是政府管理社会体育的非专门系统。不同的体育管理部门负责本系统内的体育工作，如教育部的体育管理部门负责学校体育工作、农业农村部的体育管理部门负责农村体育工作等。

国家体育总局领导上述非专门系统开展体育管理工作，并对各系统的体育工作进行协调和监督。非专门系统必须依据国家体育发展战略和发展规划来开展体育工作。总之，我国社会体育的政府管理系统是以政府体育部门为主导和其他有关部门协调配合的大型系统。

（二）社会体育的社会组织管理系统

1.社会组织管理系统的构成

社会体育的社会管理系统主要由体育社会组织和体育基层社会组织构成，它们的构成单位、主要职责有所不同。

（1）体育社会组织

目前，单项体育运动协会、各行业体育协会、人民团体中的体育机构、不同人群的体育协会等是我国重要的体育社会组织。

① 单项运动协会。单项运动协会如乒乓球协会、羽毛球协会等的主要职责是负责对本项目的宣传，举办本项目的各种比赛和其他相关活动等。

② 各行业体育协会。各行业中领导本行业体育工作的组织部门是行业体育协会的主要构成单位，是社会体育发展中非常重要的推动力量。行业体育协会的组织系统一般比较完善，体育经费相对充足，体育团队经验较为丰富，体育硬件设施良好。因此，开展本行业的体育活动比较容易，并且易于协调管理，在社会体育发展中发挥着重要作用。

③ 人民团体中的体育机构。我国工会、共青团、妇联等人民团体中设有专门的体育组织机构，机构中有配套的体育工作团队，负责本团体内或本团体服务对象的体育工作。这也是我国社会体育管理的重要力量之一。

④ 不同人群的体育协会。学生体育协会、农民体育协会、老年人体育协会等不同群体的体育协会是体育社会组织的重要组成部分，是为了满足不同群体参加体育活动的需要而成立的，这类组织面向特定对象开展体育活动，活动具有针对性。

（2）体育基层社会组织

体育基层社会组织是社会体育管理的基层社会机构，如体育活动点、体育辅导站、体育俱乐部等。成立这些机构的目的是宣传全民健身，调动社会成员参与体育运动的积极性，促进人民群众改善体质、获得与保持健康以及丰富大众社会生活。

在社会体育组织管理和全民健身计划的实施中，体育基层社会组织发挥的作用不可小觑。随着我国社会经济的迅猛发展，体育基层社会组织的数量、规模会不断增加，形成健全的基层社会组织体系。

2. 社会组织管理系统的职能

在社会体育发展中，社会管理系统作为组织管理的主要系统之一，主要具有以下职能：

第一，贯彻执行政府的体育政策，依据国家的体育发展战略规划对本系统的社会体育工作计划加以制订。

第二，对当地政府的体育工作予以支持和配合，认真落实本系统应该完成的体育工作任务。

第三，传播、传授体育健康知识、体育锻炼方法，提升人民群众的体育认知水平。

第四，为群众体育活动的开展筹措经费，提供基本条件。

第五，动员全民健身，组织群众参与各种体育活动，扩大体育人口规模。

第六，将有关群众健康和体育参与的实际情况提供给政府体育行政部门，便于政府体育部门的社会体育决策。

三、社会体育活动的组织计划

开展社会体育活动应该具有计划性、组织性、目的性，从而使社会体育活动过程按既定的方式运行，提高社会体育活动的开展效果，达到预期的目的。社会体育活动的组织计划流程如下。

（一）制定制度规范

社会体育活动相关制度规范能够为体育活动的顺利开展提供法律保障。制定这方面的制度规范必须从整体效益考虑，以保障社会体育活动的可行性。制定社会体育组织管理部门的制度规范时，要明确各部门、工作人员的管理职责、义务以及权限，明确分工，促进社会体育活动组织的高效运作。

（二）制定工作流程

制定工作流程是实现社会体育活动组织与管理工作任务、预期目标的重要路径。在工作流程中要厘清社会体育活动组织系统中各项工作任务之间的关系，合理安排工作步骤。工作流程要统一安排，综合考量各方面的影响因素，各项工作环节要前后衔接，紧密结合。

（三）选择活动内容

开展社会体育活动，关键是科学选择活动项目与内容，使参与主体真正体会到活动乐趣，改善和提高身心健康水平，享受娱乐放松。对社会体育活动组织管理部门来说，要科学选择适合目标人群的体育活动内容，综合考虑参与者的年龄、性别、职业、兴趣爱好、经济条件、运动能力、体质情况等来安排丰富多样的活动内容。对于参与主体来讲，要有针对性地选择适合自己的活动内容、方法，从而满足自身的参与愿望。

（四）及时调整计划

社会体育活动参与者众多、场地器材投入多，所以不可避免地存在一些安全隐患。因此，组织社会体育活动必须提前制定风险预警机制，准备好预防措施，同时也要引导参与主体通过活动前热身、活动中自我监督以及活动后放松整理等方式来预防运动损伤。

社会体育组织流程在遇到突发情况时很难按原计划继续运作，当出现特殊情况时，要及时调整活动计划，使体育活动继续朝着预期的目标和理想的方向进行下去。

四、社会体育活动的指导原则

将人文与科学高度结合是开展社会体育活动必须遵循的基本原则。开展社会体育活动，首先要确立人文关怀的指导思想，而为了体现人文精神，关注人类健康，必须科学求实地利用体育来开展工作。如果不注重人文关怀，就会导致社会体育活动只是以表面的形式存在，而不坚持科学求实的原则，社会体育活动就达不到预期的开展效果，也就无法真正落实以人为本。

下面主要就以人为本和科学求实这两项原则进行重点分析。

（一）以人为本的原则

不管是开展社会体育工作，还是整体上发展体育事业，都要坚持以人为本的原则，并将此作为一切工作的出发点和归宿。开展社会体育工作需主要完成的任务是，通过多种科学有效的方式开展经常性的体育健身活动，发动、引导、组织社会成员参与活动，将丰富优质的体育服务提供给社会成员，使其体育需求得到满足，体质得到增强，促进其身心健康水平和生活质量的提高，实现全面、协调、完善的发展，进而提高全民素质。

为了更好地完成这些任务，必须在社会体育方面树立为人民服务的理念，在社会体育中体现亲民、便民和利民的思想。加强对以大众为服务对象的多元化体育服务体系的建立，加大体育设施建设力度，促进大众体育运动条件与环境的改善，使广大人民享有同等的体育服务。此外，还要对不同区域、群体的需求差距予以考虑，提供多元化的体育服务，使各类群体的体育健身需要都得到满足，使大众享受基本体育服务的权利得到保障。

构建群众性体育服务体系需从以下几个环节着手。

首先，大力建设群众健身场地，为群众参加体育活动提供方便。

其次，加强群众体育活动组织的建立健全，推动社会体育指导队伍的建设和社会化群众体育网络的构建，促进国民体质监测系统的进一步完善。

最后，举办经常性的大众体育活动，促进群众文化生活的丰富以及健康、科学、文明的生活方式的推广。

（二）科学求实的原则

开展社会体育活动需坚持科学求实原则，该原则具体表现在以下几方面。

1. 运动负荷适宜

在社会体育活动中，合理适度地安排运动负荷，使之与健身者的身体承受力相符，能达到增强体质的效果。

身体锻炼的效果在一定程度上取决于运动负荷的适宜程度：负荷过小，无法满足健身者强身健体的需求，健身效果不明显；负荷过大，不仅不能达到强身健体的效果，反而会伤害身体，影响体质健康，事与愿违。所以，只有运动负荷适宜，才能实现预期的健身目的，达到好的锻炼效果。

安排适宜的运动负荷需做到以下几点。

（1）掌握锻炼强度

锻炼强度也就是功率，即单位时间内运动所做的功。在竞走、跑步、游泳等周期性运动中，因为人体体重是恒定的，所以运动强度可用运动速度（跑速、游速等）来表示。每个人能够承受的运动强度不同，是因为个人体质、锻炼目的和项目特点是有区别的，所以要先进行身体检测，然后根据体育保健专家提供的运动处方正确把握运动强度。

（2）把握锻炼时间

运动强度相同，运动持续时间越长，身体承受的运动刺激越大。例如，按一定速度快走，走半小时和走一小时，身体所承受的运动负荷明显不同，前者小。

运动时间应与运动强度成反比。低强度、长时间的运动方式比较适合中老年人及体弱病患者选择。

（3）确定锻炼频度

在体育锻炼中，一周内运动的次数就是锻炼频度，健身者要从个人身体的原有基础出发来考虑锻炼频率。如果频度过小，达不到预期的健身效果；如果过大，身体会因为承受的运动刺激过大而产生疲劳，从而影响健康。

一般应根据身体的恢复程度来确定锻炼频度。下次锻炼应该安排在上次锻炼疲劳基本消除后。一般情况下，比较适合的锻炼频度是一天一次或两天一次。如果间隔一周以上的时间，会影响健身效果。

身体锻炼是指有目的地通过各种身体运动练习，给人体各器官系统一定的生理负荷刺激，使人体在生理功能、生物化学和形态结构等方面发生一系列积极的适应性变化，并提高其机能水平和整体健康水平。一般所说的运动效果就是指这些积极的适应性变化，运动锻炼的性质、强度、时间、频率等因素都会影响运动效果，必须在运动中考虑这些因素是否安排合理。

2. 因人制宜

从健身者的个人特点（性别、年龄、体质状况、客观条件及锻炼目的等）出发，对运动内容、运动方法和运动负荷进行合理安排，使之符合健身者的实际情况和锻炼需要，这就是因人制宜。不同人都存在个体差异，而且锻炼的客观条件也各有不同，为实现预期的运动目标，必须科学选择体育锻炼手段。针对性、从实际出发是选择运动手段时必须考虑的重点。

对社会体育活动计划进行制订，应在对体质、健康水平、年龄、性别、职业、锻炼目的、兴趣爱好及运动基础等个人因素加以全面考虑的基础上进行。此外，还应统筹考虑场地器材、地域、季节等对锻炼效果造成影响的客观条件。将这些主客观因素综合后，再安排锻炼内容、锻炼方法、锻炼负荷、锻炼地点、锻炼时间等运动要素。练习过程中，如果发现活动计划不符合个人实际，可根据自身情况灵活调整。

3. 循序渐进

对身体锻炼内容、方法、技术难度和运动负荷等的安排，应由小到大、由浅入深，循序渐进。循序指遵循规律，注重次序，按知识、技术、技能的内在联系对练习次序由易到难、由小到大进行安排；渐进指平稳发展，逐步提高。

在体育锻炼中，必须遵循由易到难的认知规律来学习锻炼知识，并遵照泛化、分化到自动化的动作技能形成规律来提高运动技能。此外，还要经历刺激—适应—再刺激—再适应的连续过程才能增强身体机能和运动素质。因此，必须注重循序渐进的锻炼原则。

在体育锻炼过程中，既不能只简单重复之前锻炼的内容，又不能天天学习新的有难度的技术，要求天天有提高。而是应将重复巩固与不断提高结合起来，同时要注意预防疲劳和伤病问题。

4. 持之以恒

健身者以相对稳定的时间节奏和周期，连续、经常、不间断地从事体育锻炼的原则就是持之以恒。

经过系统科学的体育锻炼，健身者身体形态、机能、生理生化等方面都会发生积极变化，这是不断积累的过程。如果锻炼断断续续，那么在身体方面所取得的效果就不会持续很久。停止锻炼的时间如果较长，就会导致身体机能衰退到原有水平甚至比原有水平更差。因此，必须连续、经常、持之以恒地坚持锻炼。

五、社会体育活动的指导方法

社会体育指导员在社会体育活动指导中发挥着重要的作用，指导员在指导群众体育锻炼时，主要采用以下几种方法。

（一）讲解法

讲解法指的是在群众体育锻炼中，社会体育指导员用语言说明锻炼任务、动作名称，分析动作要领、动作方法和动作要求，从而指导人们学习动作的一种指导方法。

指导员在讲解过程中要做到以下几点。

1. 精讲

人们参加体育锻炼，身体操练所占的时间较多，锻炼效果取决于练习密度。为了保证人们有足够的锻炼时间，指导员要注意精讲，讲解时抓住重点，分清主次，用言简意赅的语言达到讲解效果。

2. 语言的艺术性

指导员的指导语要具有艺术性，要生动、形象、有趣，这样才能吸引锻炼者的注意力，提高锻炼者听讲的兴趣。

3. 正确运用体育术语

体育术语是从体育运动技术中提炼的专门性技术用语，具有集中性、概括性和精练性。社会体育指导员应使用体育术语概括说明动作结构、技术方法，突出科学性和专业性。

4. 灵活使用口诀

对于一些复杂的动作内容，指导员很难三言两语讲清楚，尤其是面向业余体育锻炼者，有时候讲得再多也达不到效果，无法使听者快速理解记忆，而且容易耽误大家的练习时间。这就需要有经验的指导员用简短的文字提炼核心动作要领，自创语言简练、条理清楚、朗朗上口的"口诀"，便于理解记忆。

（二）示范法

动作示范是社会体育指导员在指导过程中常常采用的一种指导方法。通过示范把指导内容变成直观的形象，引导人们模仿练习。

在社会体育活动指导中采用示范法要注意以下要求。

1. 有目的地示范

指导员在示范之前，首先要明确示范的目的，即通过示范让人们有什么样的收获，并提醒人们重点观察的内容，不要盲目反复示范。

2. 正确示范

指导员在示范动作时，要注意准确性和美观度，以便人们快速建立起正确的动作概念。示范不仅要正确，还要合理，要考虑指导对象的实际水平，在其可接受的范围内进行示范。此外，示范与讲解是密不可分的，指导员常常需要边讲解边示范。

3.示范位置恰当

指导员要选好示范位置和示范面，使所有指导对象都能看清动作示范。

（三）保护法

保护法指的是指导员为防止锻炼者在运动中发生意外而采取的安全措施。在社会体育活动指导中，采用保护法不仅能够使人们顺利掌握难度动作，而且能预防运动创伤。

指导者实施保护时，应根据项目特点和动作结构，选择合适的站位，仔细观察对方的整个动作过程，时刻做好准备。一旦保护对象遇到危险，立即采用接、抱、拦、挡等手法施加保护，防止其受伤。

（四）帮助法

帮助法是指指导员在锻炼者运动过程中及时给予助力、信号或放标志物和限制物等，使其快速建立正确的动作概念和掌握动作方法的指导措施。

指导员帮助锻炼者时，可以直接帮助对方，也可以进行间接帮助，如采用信号、标志物和限制物等辅助物使其掌握正确的技术动作，不断提高其运动能力和锻炼效果。

第二节　社会体育管理的理论与方法

一、社会体育管理的特点

社会体育是一种社会大众文化现象，其本身涵盖面非常广泛，活动的性质、内容、形式比较自由，没有太多的限制，而且社会体育活动层次丰富，全民参与，参与动机和形式都是多样化的，这些特征使得社会体育管理充满难度和挑战，形成了以下基本管理特征。

（一）管理目标多样

社会体育的参与主体覆盖社会各类人群，不同群体的参与动机和价值取向是有区别的，如有的是为了强身健体、有的是为了塑形美体、有的是为了社交，而有的是为了丰富生活、娱乐休闲。不同社会系统参与社会体育活动的目的也有区别，如生产部门是为了促进工作效率的提高、文化部门是为了促进大众文化生活的丰富、医疗部门是为了将医疗开支控制在一定范围内、治安部门是为了维护社会秩序的稳定，等等。

总之，社会体育不同参与主体、参与系统的参与目标的多样化使得社会体育管理的目标同样也丰富多样，这要求管理机构严格控制各个环节的管理行为，提高管理效率，实现多种管理目标。

（二）管理边界比较模糊

社会体育管理要依赖一定的组织系统才能运行。社会体育具有明显的社会性、全面性，与社会各个领域都有密切的联系，已经融入了社会成员的日常生活中，并表现出突出的适应性和包容性。因而，社会体育管理系统也与社会各个系统相互交织，十分开放，组织边界很难分清，造成了管理的模糊性，增加了管理过程的难度，而且易受社会环境影响。

（三）管理因素十分复杂

社会体育管理内容具有高度复杂性，从管理系统来看，既有政府组织管理系统，也有社会组织管理系统，既有正式管理系统，也有非正式管理系统；从管理资源来看，涉及大量人力、物力、财力资源的综合管理；从管理机制来看，管理机构既要保持自身的相对独立性，又要与其他系统高度融合。总之，社会体育管理因素错综复杂，要求管理者准确把握好各种内外复杂关系。

（四）管理环境有差异

社会体育管理面向全社会体育工作，管理系统巨大、复杂和开放，并易受到自然环境和社会环境的影响。社会体育管理受周围环境的影响很大，管理者必须对影响社会体育发展的自然环境和社会环境给予高度重视，在管理规划中将各种环境因素作为核心影响因素予以考虑。此外，因为不同地区的环境差异明显，又进一步增加了社会体育管理环境的复杂多变性，导致社会体育管理过程不易控制。

二、社会体育管理的基本原则

社会体育组织管理部门在领导、计划、组织、协调社会体育的一系列工作时，必须坚持以下几项基本原则。

（一）激励性原则

社会体育具有全民性和主动性，人们完全出于自愿参加体育活动，参与体育活动的积极性受其体育认知水平和体育兴趣爱好的影响，因而在社会体育活动的组织与管理中，要着重解决的一个管理问题是，提升大众的体育认知水平，激发大众的内在参与动机，使人们主动将体育锻炼纳入自己的生活规划中，成为日常生活的一部分。

激励大众参加体育锻炼的方式有很多，如树立榜样、教育引导、竞争激励、物质与精神激励，等等。

（二）弹性原则

社会体育是复杂的社会文化现象，涉及多方面的因素，渗透到社会的每个细胞中，使社会体育管理成为一项巨大的、复杂的、综合性的活动，管理者在管理过程中很难兼顾所有因素，这就导致社会体育管理过程中有许多不可知、不确定的地方。此外，社会体育管理中亦涉及关于人的管理，由于人的思想在不断变化，行为也是无法定量的，因此在管理过程中没有可量化的指标和绝对的数量标准，很难保证管理的准确无误。

鉴于社会体育管理的复杂性和不确定性，在社会体育管理过程中必须贯彻弹性原则，留有余地，使管理工作有伸缩空间，以应对管理环境、管理对象、管理条件的变化。

在社会体育管理中贯彻弹性原则要求做到以下几点。

第一，制定切合实际的管理目标，不可将目标定得太高。

第二，制订管理计划，周期不可过长。

第三，在管理过程中既要按章办事，更要根据实际情况去处理问题，方式方法要灵活。

（三）纵向管理与横向管理相结合的原则

社会体育的横向管理指的是体委对各部门、各行业、各社会体育组织的管理；纵向管理指的是按条划分系统（教育、农业、民政、银行系统等）的管理。在社会体育管理中要采取条块结合的管理模式，也就是进行纵横结合管理，使纵、横两线相交，将二者相互作用、相互促进，形成管理大网络，提高社会体育的管理效率和实际效果。

（四）定性管理与定量管理相结合的原则

我国社会体育管理多采用定性管理的方式，这种管理方式具有很强的号召性和原则性，便于集中管理。但是，定性管理的缺陷在于激励性不够，竞争性较弱，没有明确的定量指标要求，很容易使社会体育管理工作陷入"只说不做""纸上谈兵"的境地。

鉴于当前我国社会体育管理的弊端，应该将定量管理融入现有管理方法体系中，将定性与定量两种管理方式结合起来，有效落实各项体育管理工作，提高管理效果。国家体育总局在这方面做了表率，将定量管理与定性管理结合起来评定各地社会体育工作的开展情况，对体育先进地区进行评选，结果公平公正。

三、社会体育管理的基本方法与策略

（一）大力宣传体育锻炼，提高体育意识

社会成员参加社会体育活动的前提是具有正确的体育意识。要培养与提高大众的体育意识，激发大众的体育锻炼动机和积极性，就要面向所有社会成员广泛加强对体育锻炼知识的宣传。

通过对体育锻炼理念、知识与方法进行宣传，能够使人们对体育运动形成正确的认识、深入的理解，进而产生参与体育锻炼的愿望和动机。在体育锻炼宣传中，除了宣传基本的锻炼知识与方法外，还要加强对体育道德、体育精神的宣传，培养大众的思想道德水平和精神素养。

在社会体育宣传中，可以采用电视、广播、录像、书籍、报刊、讲座培训、互联网等手段来达到宣传目的。

（二）编制发展规划与计划

社会体育发展规划是关于社会体育发展的较长时期目标的工作规划，管理部门要认真研究政府提出的关于社会体育发展的方针与政策，据此编制社会体育发展规划，但要讲求弹性，留有余地，便于灵活应对突发情况。在制定规划时，应先评估社会体育的发展成绩，在社会体育发展现状的基础上，用正确的指导思想去建立指标体系，提出完成规划指标的主要措施。

社会体育发展计划比社会体育发展规划更具体，计划是在规划的基础上制订的，是较短时期的工作方案，比较常见的是年度工作计划。出台社会体育年度工作计划时，要注意计划的连续性，要结合本系统的实际条件和目标对象的具体情况去制订和实施计划。

（三）组织社会体育赛事，发挥杠杆推动力

体育赛事是非常重要的一类社会体育活动，组织社会体育赛事，有助于鼓舞和激励大众参与竞赛，利用赛事的宣传和号召力提高大众参与的积极性，从而有效发挥体育竞赛推动社会体育发展的"杠杆"作用。

社会体育赛事有多种活动形式，如综合性运动会、单项比赛等不同规模的体育赛事，全国体育赛事、省级体育赛事、市（区）级体育赛事、县乡级体育赛事等各种层次的体育赛事，等等。各种各样的社会体育竞赛活动能够有效发动和组织群众体育锻炼，号召群众积极参与体育活动。为进

一步发挥社会体育竞赛的杠杆推动力，就要不断完善社会体育赛事体系，逐渐形成社会传统，使其成为人们社会生活中的一部分。

组织社会体育竞赛要注意以下几个要点。

第一，认真准备，精心筹划。

第二，严格按规程、规则来组织正规大型竞赛活动。

第三，组织专业的竞赛队伍，包括裁判、管理者、后勤等。

第四，按照赛事规模提供良好的场地设备条件。

第五，严禁一切违背体育道德和体育精神的行为。

（四）培养体育骨干，壮大队伍

面向全体社会成员的社会体育管理是一项非常艰巨的任务，仅靠各级体育行政部门和社会体育组织是不够的，还必须将广大群众力量动员起来，重点培养体育骨干和社会体育指导员，使社会体育工作者队伍不断壮大。具体可以通过以下渠道来培养体育骨干。

第一，为社会团体、企事业单位设立相应规模的体育组织机构，机构中配备专门的体育干部，以顺利开展各类社会体育活动。

第二，培养社会体育指导员，使社会体育指导员与体育人口的比例达到或接近标准要求。

第三，成立体育骨干培训班，对体育骨干进行专业技能培训。

第四，为体育骨干创造进修、深造的条件，公开表彰出色的体育骨干。

四、社会体育资金与物质管理方法

（一）社会体育资金管理

1. 社会体育经费预算

开展社会体育相关工作必然涉及经费问题，这部分经费的预算是在具体的活动开始之前要进行的工作。

（1）收入预算。指体育部门通过本年中各种途径、各种形式可能获得的各项收入预算。它包括中央和地方政府的补助、社会赞助、事业收入、附属单位上缴收入等。

（2）支出预算。指体育部门根据本年中各项工作的计划而指定的经费花销的预算。其主要包括事业支出、经营支出、自筹基建支出和对附属单位补助支出及其他支出等。

社会体育相关部门对本部门的经费收入和支出，要有一个大致清晰的数据掌握，以便于结合经费合理安排相应的活动计划。

2.社会体育资金分配

我国社会体育的资金数量有限，为了更加合理地使用经费，应合理分配，使每一笔经费都用之有效，在分配时应遵循以下原则：

（1）资金分配有主有次，优先满足重点项目的需要。

（2）资金分配同社会体育结构适应，促进社会体育结构合理化。

（3）资金分配要量力而行，留有余地。

3.社会体育经费使用

在社会体育经费的使用过程中，应根据实际情况，科学合理地制订开支计划，经上级主管部门审查后再执行。经费的使用要做到专款专用，并详细记录。

（二）社会体育物质管理

社会体育物质主要指体育物资，包括体育场地、器材、能源等。社会体育活动一般在公园、广场、体育场馆展开。以体育场馆为例，对社会体育物质管理具体分析如下。

1.体育场馆的管理对象

内部管理对象：

（1）人力资源。涉及体育场馆的所有工作人员。

（2）财务管理。主要包括营业收入、费用开支、票据管理、材料物资管理等。

（3）设施设备管理。主要包括供电、给排水、空调、电梯等常规设备及专门配置的管理。

（4）物业管理。主要包括综合体育馆、游泳馆、足球场及相应配套的训练场馆、商业网点等。

（5）治安、消防、生产、卫生安全等的管理。

外部经营对象：

（1）大型活动场地租赁经营。具体内容包括场地租赁价格制定与推广、租赁合同、流程、场地服务与保障等。

（2）商业物业经营。包括业态分布规划、物业租金价格的制定、招商推广、租赁合同等。

（3）无形资产经营。包括场馆广告、场馆冠名权开发等。

（4）群众体育活动开展。包括项目设置、价格制定、会员卡设置、培训等。

（5）场馆配套商业网点。如体育用品商店、餐饮、停车场、场馆器材租赁等的管理。

2.体育场馆建设

体育场馆设施的建设应满足两个要求：

首先，体育场馆的建设要确定合理数量。一般来说，体育场地设施的数量应与当地人口数量和体育人口数量相符。

其次，体育场馆设施的类型配置应与当地群众体育爱好、年龄结构、职业结构等相符。

3.体育场馆经营

在体育场馆的经营管理中，要满足以下基本管理任务。

（1）满足社会大众的健身、参加体育活动的需求。体育场馆方面，应积极承办各种大众健身推广、宣传、公益、文艺活动，可视条件面向大众免费开放场地，或提供免费技术指导。

（2）满足人们的卫生需求。随着大众体育活动的广泛开展，体育场馆客流量大，设备使用频繁，很容易产生卫生问题，对此，体育场馆应做好卫生清洁工作，为人们提供幽雅、洁净的体育环境。

（3）满足人们的安全需求。体育场馆必须做好设施设备的安全保养工作，满足人们参与各项体育活动的安全需要。

4.体育场馆的维护

为了全面提高人民群众参与体育活动的良好运动体验水平，体育场馆应做好场馆内的场地、设施、设备等的维护，这样可以延长场馆设施的使用寿命，为社会大众体育健身提供高质量的体育服务。

第三节　社会体育活动的安全管理

一、培养安全意识和防护技能

（一）注意运动安全

体育运动具有不确定性，参加社会体育活动要科学合理，劳逸结合。在体育运动过程中，为了降低运动伤害的发生率，在运动前要做好充分的热身准备，如参与难度较大的运动更不能忽视准备活动环节。通过热身，充分舒展关节和肌肉，使身体各部位处于预热状态，便于快速适应锻炼负荷。在锻炼过程中要采用科学的方法来运动，运动方法要适合自己，对自己有利。此外，运动中还要加强自我医务监督和运动控制，体会自我感觉，根据身体情况及时降低运动强度或中止运动。在锻炼结束后，为了尽快缓解疲劳，促进身心机能恢复，还要做必要的放松整理活动。此外，在每次锻炼结束后可以记录本次运动的情况，记录内容以自我感觉为主（见表 4-1），根据自身情况真实填写，这样便于为调整接下来的运动计划和处方提供依据，提高自我医务监督和安全管理能力。

总之，大众参加体育活动必须提高安全意识，在运动前、运动中、运动后都要时刻保持警惕，切记安全第一。

表 4-1　自我感觉填写表（周表）①

项目／时间	运动心情	出汗量	食欲状况	睡眠状况	营养补充状况	运动负荷承受力	有无运动损伤	有无运动性疾病
周一								
周二								
周三								
周四								
周五								
周六								
周日								

（二）正确处理运动伤害

在社会体育安全管理中，加强医务监督，传授运动损伤急救知识与方法是一项非常重要的任务。科学的运动锻炼能够增强体质，促进健康，但如果运动不当，或因为其他内在和外在因素的影响，很容易发生运动伤害。当运动过程中出现意外时，必须第一时间采取科学有效的措施进行紧急处理，及时降低伤害程度，防止运动损伤扩展。

二、户外体育安全管理

户外体育是社会体育的一种类型，是深受广大体育爱好者喜爱的一类

---

① 马斌. 社会体育促进健康的理论与实践 [M]. 沈阳：沈阳出版社，2011.

体育活动。但因为户外不确定因素多，户外体育的风险相对高一些，所以必须加强安全管理，保障户外运动参与者的安全。

开展户外体育安全管理工作，完善户外体育安全管理体系，要重点落实以下工作。

（一）普及安全知识

在户外体育安全管理中，首先要大力宣传、普及关于户外运动的安全常识。在宣传普及中需要将广播、报纸、电视、互联网等媒介资源充分利用起来。通过宣传，使户外运动参与者、从业者提高安全意识，掌握安全知识，熟练安全保护技能。在安全普及中，也要呼吁人们理性参加户外风险系数大的体育活动，根据自身身体情况选择适合自己的户外运动，不要盲目随从，更不要贸然前往不熟悉的野外环境参加户外运动。

（二）制定与落实相关政策法规系统

在社会体育管理中，作为上层指导的政策法规是各级管理部门对各类社会体育活动进行全局保障与管理的重要依据。政策法规对户外运动的发展与安全具有指导和规范意义，是构建与完善户外运动安全教育机制、安全预警机制、安全控制机制、安全装备机制、安全救援机制、保险制度等的重要依据。

我国要进一步制定与完善户外体育相关政策法规，从法律上保障户外运动的安全，为安全管理工作的开展提供法律依据。户外体育政策法规具有强制性和权威性，利用这一优势能够对户外运动组织者和参与者的行为加以规范和约束，使他们在政策允许的安全空间内从事户外体育活动，提高安全意识，防止危险发生。同时能使有关的法律纠纷得以避免，从而使户外运动发展的社会环境更加和谐、安全，更有保障。

当前，我国户外运动安全管理的相关法律政策比较少，国家体育总局应从我国国情出发出台具体的关系到户外运动规范发展的法规、准则和条例，以完善的政策法规系统去指导和规范户外体育活动的安全开展。

（三）健全安全装备系统

参加户外运动，要携带必要的装备与工具，这是顺利运动和保障安全的重要基础。不同的户外运动项目对相应的装备工具有不同的要求，而且不同户外运动装备的使用范围也是有区别的。在户外运动中要根据项目特征、运动环境和自身需要去选择配套的安全装备。

户外运动参与者必须深刻认识户外安全装备的重要性，在选择和使用安全装备时要注意以下几点：

第一，选择值得信赖的、口碑好的品牌，对装备的质量要格外注意，清楚它的使用范围，检查是否有安全认证。

第二，在户外运动中先仔细检查装备是否完好无损，再去操作。

第三，严格按照使用说明和安全规范去操作装备。

第四，运动结束后妥善保管安全装备，杜绝安全隐患。

（四）完善安全救援系统

户外运动中发生意外事故后，要第一时间进行安全救援，其中涉及多个组织机构的分工与协作，为了保障安全救援的效率，必须完善包含安全救援指挥中心、安全救援组织机构、安全救援专业人员、安全救援专项费用、安全救援专用工具等因素在内的户外运动安全救援系统。

户外体育运动中发生意外事故时，国家行政管理部门要第一时间积极响应，指挥安全救援机构启动救援工作，行政管理部门应投入必要的财力、物力和人力资源去支持救援工作的开展。安全救援机构在安全救援指挥中心的统一指挥下实施救援的工作，在这个过程中救援机构还要与公安、医疗、消防以及保险等有关部门取得联系，获得多方面的支持，以提高安全救援的效率，最大限度保障当事人的安全，保护生命，减少损失和社会影响。

户外体育运动中意外事故的发生会不同程度地危害生命和财产安全，造成运动设施损坏，对此，政府应设立专门经费用于安全救援的基础保障、户外运动设施恢复、户外运动经营单位经济补偿以及各种安全设备的购置等。

（五）完善保险制度

户外运动风险较大，在安全管理中必须注重建立和完善保险制度，对户外体育工作者、参与者的生命和财产安全加以保障。而户外运动参与者、从业者为保护自身利益，有必要购买意外保险。意外保险对整个户外体育事业、户外运动俱乐部以及户外运动参与者来说都具有重要意义。比如，对整个户外运动事业来说，意外保险是支持其可持续发展的重要保障机制；对户外体育俱乐部及其他经营单位来说，意外保险是市场经营的经济支持手段；对户外运动参与者来说，意外保险是发生意外事故后的经济补偿措施。

我国要进一步完善和户外运动有关的保险制度，增加相关险种，以更好地补偿发生意外的当事人，弥补当事人的经济损失，这也将使户外体育获得更多的社会认可与支持。

第四节 社会体育管理的发展创新

一、社会体育管理经费筹措机制的发展创新

在社会体育管理中，专项经费是最基本的保障，我国社会体育管理经费的筹措方式经过不断变革之后，打破了原先只靠政府投入和支持的单一模式，逐渐形成了多元投资主体包括政府、社会和个体等多渠道投资的模式，保障各项资金取之于民、用之于民、利之于民。

随着社会的不断进步和人民生活条件的改善，人民群众参与社会体育活动已逐渐成为一种习惯，参与热情和积极性大增，这也有效扩大了社会体育的规模。现在，群众对社会体育的需求已达到规模化，并越来越多元化、个性化，对社会体育指导服务的需求越来越专业化、优质化。这就要求打破社会体育管理的传统模式，对社会体育管理的投融资引导政策不断优化和完善，积极落实财政、税收改革等相关经济优惠政策，为社会体育管理经费的投入和高效利用提供多元保障。

基于对我国国情的考虑，在构建与实施社会体育管理经费的多元化筹措机制，促进社会体育管理经费筹措方式和渠道多元化发展的过程中，要特别注意以下几个要点：

第一，依然强调政府这一投资主体的主导地位，政府行政部门要进一步发挥自身的主导作用，继续加大对社会体育事业的投融资力度，推进增量式投资机制的建立，并对社会体育发展的专项经费设置与分配进行科学规划，提高对彩票、公益基金的利用效率。政府要为社会体育指导员的培育提供专项经费支持，建立专门的培训组织，壮大社会体育指导员队伍，使社会体育活动得到更加及时、有效、长期的指导。

第二，贯彻市场化原则，促进多元投资主体投资形式的拓展，倡导社会主体合作购买社会体育指导、培训等各种服务，使社会主体承担起社会体育发展的具体事务，在全民健身、社会体育指导中充分发挥作用，最终建立起以市场为导向，政府、社会和个人等多元主体共同参与、相互合作的三位一体的社会体育公共服务模式。①

---

① 王玉侠，李润中. 我国社会体育指导员管理体系多元化发展研究［J］. 河北体育学院学报，2019，33（06）：30-34.

第三，贯彻公益性原则，尊重广大社会力量在社会体育事业中的主体地位，使其在社会体育活动和服务中充分发挥自身作用。

二、社会体育管理机制的发展创新

在市场经济背景下，我国社会体育管理中出现了由政府主导向社会分权的现象，未来较长时间内这种现象将一直存在，成为社会体育管理机制变革的趋势之一。

当前，我国在社会治理和社会服务中，公民的参与热情越发高涨。为适应我国社会治理方略的要求，有关部门相继成立各级社会体育协会、各种体育社团、体育俱乐部，这些组织单位以及社会个体纷纷积极参与社会体育治理，参与主体从单一走向多元，从而扩大了社会体育发展规模。

为适应社会体育治理主体的多元化趋势，我国相应调整了社会体育管理体制，进一步优化了管理机构的职能，国家体育总局在社会体育管理中主要发挥整体规划、宏观调控和监管的职能，社会体育指导管理中心主要发挥规范社会体育发展和推动社会体育活动顺利组织开展的职能，负责具体管理和执行工作的是各种社会体育协会，由此形成了管办分离的社会体育管理格局。

在管办分离的社会体育管理体制下，政府部门向社会下放管理权限，采用法律、行政、市场契约途径鼓励社会各界力量踊跃参与社会体育服务与管理，政府、社会体育组织、企业、个人等多元利益主体之间不断优化、协调，关系越来越和谐，从而使社会体育市场呈现出公平公正、有序竞争的良好态势，最终使社会体育管理体制更加健康、高效。

第五章　社会体育产业的发展研究

体育产业对于我国而言是一个新兴产业，近些年在市场经济条件下蓬勃发展，给社会体育事业带来了活力。社会体育产业包含体育健身休闲产业、体育竞赛产业等子产业，加强对各类社会体育产业市场的开发对进一步发展社会体育事业、振兴国民经济、满足群众的体育需求以及推动全民健身发展具有重要意义。本章重点探讨社会体育产业的发展，首先阐述社会体育产业的基础知识，然后对社会体育健身休闲产业和社会体育赛事产业的发展进行详细分析，提出发展策略，从而有效推动我国社会体育产业的健康可持续发展。

第一节　社会体育产业概述

一、社会体育产业的概念

社会体育产业的概念主要涉及两个关键词，即社会体育和产业。关于社会体育的概念前面已作了描述，这里不再重复。产业一般是指市场上生产同类产品的企业集合体。社会体育属于文化范畴，产业属于经济范畴。社会体育与产业的叠加与融合，一方面使体育的文化范畴衍生出经济维度；另一方面使产业的经济范畴衍生出文化维度。因此，社会体育产业作为新兴行业，既不是单纯的体育文化，也不是单纯的产业经济，它本质上是一种文化经济。

社会体育产业的概念可以表述为，社会体育是社会各部门开展的与体育有关的一切生产和经营活动的总和。提供有形体育物质产品的生产部门和提供体育服务的有关部门都属于社会体育产业的范畴。[①]

---

① 曹可强. 体育产业概论 [M]. 上海：复旦大学出版社，2004.

二、社会体育产业的属性

社会体育产业是体育运动由原来自给自足的自为模式向组织化、生产化、消费化和营利化的产业运营模式转变的产物，是在现代市场经济条件下形成的一种体育活动组织专业化、参与消费化、运作营利化孕育的新型产业形态。体育商品的不断涌现以及体育经营企业的不断扩张是社会体育产业发展的主要表现。判断社会体育产业属性的关键在于其价值内核，而价值内核直接决定了社会体育产业的存在与发展，如果没有价值内核，社会体育产业就失去了存在的可能。学界认为，社会体育产业的基本属性是隶属第三产业的现代娱乐业。

另外，在社会体育相关产业中存在大量的体育服装、鞋帽、器材、食品、饮料等商品，这些是否属于社会体育产业的范畴，要通过社会体育产业的概念来判定。

首先，体育服装、器材等实物性产品都是围绕体育活动生产的，二者有明显的主副关系。体育物质产品的生产经营作为主业配套而存在，并不构成对体育产业本质的否定。

其次，判定体育服装、器材等实物产品是否属于社会体育产业，关键要看使用此种产品的意图和最终市场。社会大众使用体育服装、器材等实物性产品的根本意图是进行体育活动，而这些产品最终的市场也属于体育消费市场。从这个角度看，这些体育实物产品也是属于社会体育产业范畴的。

总之，要本着透过现象看本质的原则认识与了解社会体育产业的基本属性。不仅要坚持质的规定性，即坚持娱乐业是体育产业的基本属性，还要坚持社会体育产业上下游之间的天然联系，对社会体育产业的理解不能局限于提供体育服务产品的一维空间，而要对其进行立体分析。只有这样，才能真正理解社会体育产业的本质属性。

三、社会体育产业的分类

（一）参照体育商品的性质进行分类

依据体育商品的不同性质，可将社会体育产业分为社会体育服务业和社会体育配套业。

1.社会体育服务业

社会体育服务业提供体育服务产品，又可将其细分为健身娱乐、竞赛表演、体育中介等行业。

2. 社会体育配套业

社会体育配套业提供体育物质产品，可以将其细分为体育服装、体育器材、体育食品、体育建筑等行业。

（二）参照管理部门的不同进行分类

社会体育产业也可以从部门管理的角度进行分类，可分为由体育部门管理的社会体育主体产业和社会体育体办产业，由非体育部门管理的社会体育相关产业。

1. 社会体育主体产业

社会体育主体产业也叫"本体产业"，是指由体育部门管理的、发挥体育自身价值和功能的、以提供体育服务为主的体育产业经营活动，包括群众体育产业、体育彩票和体育赞助业、体育教育科技产业等。

2. 社会体育体办产业

社会体育体办产业，是指体育部门为创收和补助体育事业发展而开展的除体育主体产业以外的各类生产经营活动。

3. 社会体育相关产业

社会体育相关产业，是指与社会体育有关的其他产业的生产经营活动，如体育广告和传媒、体育场地器材、体育服装等。

（三）参照体育产业链上下游关系进行分类

根据社会体育产业链上下游关系，可将社会体育产业分为上游产业、中游产业和下游产业三种类型，如图5-1所示。

1. 上游产业

上游产业是社会体育产业的原产业，直接反映社会体育产业的原生态，包括竞赛表演业、健身娱乐业。

2. 中游产业

中游产业是直接为健身娱乐业和竞赛表演业服务的支持性产业，包括体育培训、体育服装、体育媒体、体育场馆运营、体育器材、体育保健康复等。

3. 下游产业

下游产业是间接为上游和中游产业服务的相关产业，若缺少这些产业不会影响原产业的生存与运作，其包括体育食品、体育旅游、体育建筑、体育博彩、体育房地产等。

图 5-1　社会体育产业参照体育产业链上下游关系的分类 ①

第二节　社会体育健身休闲产业的发展

一、体育健身休闲产业概述

（一）体育健身休闲产业的概念

体育健身休闲产业是体育产业的一种，其定义为：体育健身休闲产业是一种集合了多个社会部门服务的产业领域，目的是满足人们在体育健身、休闲娱乐等方面的需要，是一种面对广大人民群众的体育文化服务行业，包括体育产品和服务以及与体育产品和服务相关的经营活动。②

（二）体育健身休闲产业的结构划分

体育健身休闲产业是一个综合性产业，也就是产业集群，包含体育生产业、体育服务业、体育销售业以及相关产业等。体育健身休闲产业的分类方法有很多，下面介绍几种常见的分类方法。

---

① 杨铁黎. 体育产业概论 [M]. 2 版. 北京：高等教育出版社，2015.
② 祝慧英. 中国体育健身休闲产业发展研究 [M]. 北京：中国广播影视出版社，2017.

1. 按产品性质划分

以体育健身休闲产品的性质为依据，可以将体育健身休闲产业分为两种类型：一种类型是体育健身休闲用品设施业，属于实物性产业；另一种类型是体育健身休闲服务业，属于劳务性产业。这两类产业各自包含丰富的内容，见表 5-1。

表 5-1　体育健身休闲产业按产品性质的分类 [①]

按产品性质分类	内容
体育健身休闲用品设施业	体育设施业 体育建筑业 体育服装业 体育用品业 体育科研器材 运动食品制造业 ……
体育健身休闲服务业	体育竞赛表演业 体育娱乐业 体育信息咨询业 体育教育培训业 体育保险业 ……

2. 按产业功能划分

以体育健身休闲产业的功能为依据，可以将体育健身休闲产业分为四种类型。

（1）主体产业

这类产业指的是围绕体育健身休闲自身特性而进行相关生产或服务的部门的总和。主体产业是体育健身休闲产业的部门群，也就是在产品生产、服务方面有着相似使用价值的部门的集合体。主体产业中涉及的基本都是非实体产品，是无形的。

（2）延伸产业

体育健身休闲延伸产业是以体育健身休闲产业为中心，围绕这一中心而形成的前后延伸、纵横交错的综合网络。延伸产业中的各个部门之间的联系是形式上的，而不是本质上的。属于延伸产业的产品基本都是无形的非实物产品，如体育经纪业、体育新闻业、体育金融业等。

[①] 曹可强. 体育产业概论 [M]. 上海：复旦大学出版社，2004.

（3）相关产业

体育健身休闲相关产业指的是以体育健身、体育休闲为主要资源和重要手段而进行生产或服务的部门的总和。相关产业其实是一种由横向构造的、具有递进关系的生产部门、服务部门相结合的产业链。

单纯从归类上看，体育健身休闲相关产业并不在体育健身休闲产业范畴内，但二者之间存在十分密切的关系，相关产业为主体产业的生产和服务创造了良好的基础条件，如相关产业中的体育器材设备、体育服饰等有形产品都是主体产业发展的重要基础。

（4）边缘产业

体育健身休闲边缘产业指的是为使体育主体产业的效益达到最大化并得到充分发挥而提供综合服务的部门的总和。边缘产业中的体育附属服务项目主要是为了达到主体产业发展而开展的，因此将它们纳入体育健身休闲产业范畴中。更具体点说，高尔夫球场的旅游业、酒店餐饮业等就是典型的边缘产业，虽然它们与体育健身休闲产业本身的关系并不密切，但它们的经营服务内容是为了实现主体产业的目标，是为主体产业服务的。如果附属项目不是为主体产业服务，那么就不属于边缘产业。

总的来说，体育健身休闲产业按功能划分的情况见表 5-2。

表 5-2　体育健身休闲产业按功能的分类 [①]

按产业功能分类	内容
体育健身休闲主体产业	体育健身娱乐业 体育健身培训业 体育竞赛表演业 ……
体育健身休闲延伸产业	体育保险业 体育彩票业 体育旅游业 体育金融业 体育经纪业 体育新闻业 ……
体育健身休闲相关产业	体育健身用品业 体育器材设备生产业 体育服装制造业 ……
体育健身休闲边缘产业	体育场馆周围的餐饮、酒店、旅游等服务业

① 祝慧英. 中国体育健身休闲产业发展研究［M］. 北京：中国广播影视出版社，2017.

3. 按产品形态划分

以体育健身休闲产品的形态为依据，可以将体育健身休闲产业分为如表 5-3 中的两类部门。

表 5-3　体育健身休闲产业依据产品形态的分类 [①]

按产品形态分类	内容
生产实物产品的部门	体育用品业 运动服装制造业 体育场馆建筑业 体育设备制造业 健康食品生产业 ……
生产非实物产品的部门	体育健身业 体育教育培训业 体育旅游业 体育竞赛表演业 体育媒体业 体育经纪人业 ……

（1）生产实物产品的部门

体育健身休闲产业涉及的领域非常广泛，其中生产实物产品的部门占有非常重要的地位，属于第二产业，主要包括体育用品业、运动服装制造业、体育场馆建筑业等。

（2）生产非实物产品的部门

生产非实物产品的部门也就是体育健身休闲服务信息业，属于第三产业，如体育健身业、体育教育培训业等。

以上两类部门相互交叉会派生新的行业，如休闲体育用品提供业、健康食品提供业、体育场地设施管理业等。

二、社会体育健身休闲产业的市场管理

在社会体育健身休闲产业的市场开发与经营中要加强市场管理。市场管理是一个非常复杂的过程，在市场管理中要充分发挥各层级管理者的职能，如决策、组织、领导、控制、协调以及创新等。体育健身休闲产业管

---

① 杨铁黎. 体育产业概论［M］. 2 版. 北京：高等教育出版社，2015.

理者专业职能的充分发挥是实现市场管理目标的必然要求。

（一）社会体育健身休闲产业的宏观调控与管理

当前，社会体育健身休闲产业还处于初步发展阶段，国家和地方政府部门应加强对这类产业的宏观管理，支持该产业从成长走向成熟，加快其发展进程，实现健康可持续发展目标。

政府在社会体育健身休闲产业市场管理中发挥着举足轻重的作用。政府在发挥管理职能时，要对自身作为管理主体的角色、自身的管理权限与范围有所明确，并积极履行作为管理主体的职责，完善自身的管理功能，以防功能缺位而对体育健身休闲产业的发展造成阻碍。各级政府要提高对体育健身休闲产业的思想认识水平，充分保障公民的体育健身休闲权利，满足人民群众的休闲、健身需求。

此外，政府应从体育健身休闲产业发展现状尤其是人民群众体育健身休闲消费水平出发，思考如何推动社会体育健身休闲产业的市场化发展，有针对性地加大财政投入力度，提供资金支持，解决体育健身休闲产业发展的现实困境。

（二）社会体育健身休闲行业的管理

体育娱乐在我国长期处于缺失状态，在这样一个基础环境下要发展体育健身休闲产业，需要先从基础理论研究着手，然后对政策导向产生一定影响，进而努力维护与保障每个人都平等享有体育的权利，努力将良好的体育休闲娱乐服务提供给每个需要的人。要达到此目的，必须重视对体育健身休闲产业的有效管理，尤其是对社区体育健身休闲业和社会体育俱乐部及健康产业的管理，这是社会体育健身休闲行业管理的重点。

1.社区体育健身休闲业

社区体育是社会体育的重要组成部分，在社区体育文化建设中，社区体育健身休闲设施的兴建、完善是至关重要的一个环节，在设施建设中要加强与市场经济相结合，开发社区体育健身休闲业。社区体育健身设施中大部分是由政府投资建设的，属于社会公共体育产品，是政府发展公益事业的重要举措之一。在建设与完善这些社区基础体育设施的基础上，要遵循市场经济发展规律，贯彻协调公共利益的原则，调整与完善现行社区体育设施管理制度，创建与社区体育健身休闲行业发展现状相符的管理体制，使这些基础设施真正为社区居民所用，真正为社区居民的健康服务。

任何一个行业的发展都离不开行业自律性机制和职业道德规范的约

束。社会体育健身休闲行业的发展同样要在遵循市场竞争规律、遵守职业道德规范的前提下进行。社会体育健身休闲行业的发展应该有自身的一套规则，也应该有专门的自律性组织机构进行统一管理，然后就可以考虑建立社会体育健身休闲产业联盟了。

由于社会体育健身休闲领域的相关企业不能由政府直接经营，因此要充分发挥中介服务机构的作用来完成改善市场环境、调整产业政策的任务，进而促进体育健身休闲产业的发展。政府主管部门在发挥宏观管理与调控职能的过程中，主要依靠相关的社会体育社团与企业沟通，完善社会体育社团的运作机制和对外职能是政府发挥职能及企业在政府引导下健康发展的迫切需求。

2. 体育俱乐部及健康产业

体育俱乐部是社会体育健身休闲产业兴起与发展的重要代表，也是这一行业的基本运作载体之一。近年来，随着社会体育健身休闲产业的不断发展，不同规模、不同类型的社会体育俱乐部如雨后春笋般大量出现在全国经济比较发达的地区。社会体育俱乐部属于体育健身休闲服务业，从更宏观的角度也可以将体育健身休闲服务业称作健康产业。无论是单纯的社会体育俱乐部，还是整个健康产业，其发展都离不开政府的政策引导，但政府不会干涉健康产业的经营，更不会包办，政府的政策主要靠具有理性精神的、自强自立的体育社团这一服务机构发挥中介作用，最终在俱乐部中落实。

有些社会体育健身休闲场所不属于商业性质，而是公益性质的。商业性的场所主要按照企业形式在市场规律性运营，而公益性的场所被划分在社会公共体育服务产品中，主要依靠国家、地方财政拨款来维护和管理，这类场所为居民休闲健身提供了极大的便利。

（三）社会体育健身休闲服务过程的管理

由于社会体育健身休闲服务过程比较复杂，所以这方面的管理涉及的领域和内容都比较广泛，主要管理内容包括下列几个方面。

（1）体育健身休闲场地设施的建设、使用及维护管理。

（2）户外休闲体育活动的组织管理。

（3）国家大型体育场馆的游乐管理。

（4）体育用品市场流通的安全管理。

（5）社会体育健身指导员的专业认证管理。

（6）大型体育赛事旅游活动的管理。

三、社会体育健身休闲产业发展的保障体系

（一）政策保障

近些年，为促进我国体育产业快速发展，国家有关部门制定了多项利好政策，有些政策因为涉及广泛的领域，所以需要由国务院、国家体育总局联合发展改革委、文化和旅游部、教育部等多个部门共同制定。为推动我国社会体育健身休闲产业的发展，国务院办公厅于 2016 年 10 月 25 日印发了《关于加快发展健身休闲产业的指导意见》，以促进人民群众体质的增强，促进全民健身的发展，实现全民健康的目标，该意见中也对体育产业的细分开辟了新的"蓝海"。

未来，在国家产业政策的大力支持下，我国社会体育健身休闲产业将迎来更多的机遇，进入发展的黄金时代。

（二）财政保障

社会体育健身休闲产业规模的扩大离不开财政保障。在国家治理中，财政是不可或缺的基础支柱，发挥着重要的作用。在市场经济条件下，财政政策主要从促进社会体育健身休闲产业发展、加快健身休闲产业结构升级和产业科技创新等方面发挥重要作用。

现阶段，我国社会体育健身休闲产业的公益性产业属性在各级政府中已形成了高度的认识，各地政府根据本地该产业发展的现状出发制定了一系列合理的优惠政策，其中以税收优惠政策为主，从而使社会体育健身休闲产业的发展获得了良好的财政保障。

为进一步保证社会体育产业的发展，我国政府不断加大在公共体育健身休闲设施建设和维护方面的资金投入力度，逐渐增加体育经费在国家收入、财政支出中的比重，充分发挥财政投入的导向性作用。此外，政府还采用财政补贴、税收优惠等手段扶持一些休闲健身体育方面的龙头企业和骨干企业，并通过这些大型企业的发展来带动中小企业。

（三）社会保障

我国体育健身休闲运动在法治化社会背景下逐渐兴起与发展，随着一系列行政性指令的发布，如《全民健身计划》《普通人群体育锻炼标准》等，使公民拥有了平等的体育权利，健身休闲运动时代特征鲜明、与群众健身需求相符，因此在行政指令发布后得到了广大人民群众的青睐。

此外，社会保障制度的建立与完善还有助于促进人民群众休闲体育消费需求的增大。

四、我国社会体育健身休闲产业可持续发展的策略

（一）积极开发体育健身休闲市场

1. 加快开发体育健身休闲项目

我国是多民族国家，历史悠久，地域辽阔，民间流传的休闲娱乐体育种类繁多，备受大众喜爱。当前，要致力于对那些健身、教育、娱乐价值突出的、与我国实际情况相符的项目的筛选与整合、改造与提炼，使健身休闲体育的内容越来越丰富，从而使人民群众日益增长的精神文化娱乐需求得到满足，拉动居民体育娱乐消费，推动我国体育健身休闲市场化发展进程。

2. 鼓励居民体育消费

居民体育消费是社会体育健身休闲产业发展的一大动力。当前，我国要借助多种媒体大力宣传全民健身，刺激大众的体育消费需求，不断扩大健身休闲产品的市场内需，通过鼓励和引导居民体育消费来获取经济效益与社会效益。

在市场经济体制下，从事体育健身休闲产业的一些经营主体逐步实行企业化经营或自主经营，采用丰富多样的现代化营销手段提高群众对休闲体育的兴趣，刺激群众的消费欲望，培养群众的体育休闲健身习惯，并不断挖掘和开发潜在消费群体，扩大消费市场，为健身休闲产业的发展源源不断地提供动力。

（二）支持中小企业发展体育健身休闲产业

在我国国民经济和社会的发展中，中小企业的作用绝对不可忽视，市场经济发展历史已经充分证明了中小企业在我国国民经济中的地位，也证明了其作为一大动力对促进社会发展的重要作用。

为了进一步发展社会体育健身休闲产业，使其与社会主义市场经济发展需求保持高度的适应性和一致性，满足社会主义市场经济的需求，应该大力支持与鼓励中小企业发展体育健身休闲产业。政府部门应该从中小企业的发展困境出发为其提供财政、制度等方面的支持，主要从融资、贷款担保、税收等方面予以落实，帮助中小企业形成具有自我再造功能的金融体系，支持中小企业创新和产业升级，使中小企业投入体育健身休闲产业后形成良好的发展态势，实现创新发展和可持续发展的目标。

（三）重点开发休闲体育旅游产业

随着市场经济的不断发展和国民收入水平的大幅度提升，我国旅游产业的市场需求发生了一些变化，旅游产品结构也进行了一些调整，其中休闲运动类旅游产品广受大众欢迎。现代休闲体育旅游业的发展是在巩固观光旅游产品的前提下，将休闲泛化、休闲结构调整等结合起来，将体育旅游、探险旅游等作为重点发展对象，从而促进了我国旅游产品的丰富和旅游供给的增加。目前，我国要继续开发体育旅游市场，挖掘丰富多样的体育旅游产品，促进产业结构升级，最大限度地满足旅游者的体育需求和体育爱好者观光、休闲的需求。

（四）推行民族品牌战略

随着我国经济的发展和科技的进步，我国个别领域的知名品牌逐渐增多，品牌的整体水平也有所提升，尤其是注重品牌的科技创新，提升品牌的科技含量。我国社会体育健身休闲产业的发展也可以采取打造优势民族品牌的战略，促进健身休闲产业在国际上知名度的提升和影响力的扩大，推动这类产业的稳定与可持续发展。

当前，我国有一些体育类的民族品牌可作为重点推广对象，如围绕传统武术等民族优势项目而开发的产业品牌。有关企业要牢牢抓住全球化的时代机遇，大力推广，以发展成为国际知名品牌，同时要继续创造具有中华民族特色的体育品牌。在推行民族品牌战略的过程中，国家要提供政策、资金、科技资源等方面的支持，有关企业和部门也要充分发挥自己的优势，积极加入其中，实现将我国健身休闲产业品牌推广到世界各地的美好愿景。

第三节　社会体育赛事产业的发展

一、体育赛事与体育赛事产业

（一）体育赛事

1.体育赛事的概念

体育赛事，是指受竞赛规则、外界环境、传统习俗等方面的制约，为人类提供竞赛产品和赛事服务，达到社会效益、经济效益和两者兼容效益效果并且满足人类需求的特殊活动。①

2. 体育赛事的分类方式

体育赛事的分类方式主要有以下几种。

（1）按赛事规模分类

以体育赛事的规模为参照，可以将体育赛事分为三种类型。

① 超大型赛事。超大型赛事指的是影响力覆盖全世界，对举办地政治、经济、文化等方面的发展有重大影响的体育赛事。这类赛事的典型代表有奥运会、世界杯足球赛等。

② 大型赛事。大型赛事的规模、水平、世界影响力都不及超大型赛事，但对举办地的影响依然比较大，如世界单项锦标赛、职业联赛等。

③ 一般赛事。一般赛事指的是邀请赛、热身赛这样规模比较小、水平比较低的赛事。这类赛事虽然规模不大，水平也不高，但是依然被政府和体育组织关注与重视，主要原因在于这类赛事有一定的潜在市场吸引力，若市场开发与营销得当，市场效益是非常可观的。

（2）按"周期与主体"交替主导的原则分类

按照"周期与主体"两者交替主导的原则，可以将体育赛事分为五种类型。

① 周期性综合赛事。周期性综合赛事的特点是周期固定、项目多样，主要代表有奥运会、亚运会、全运会等。

② 周期性单项赛事。周期性单项赛事的特点是周期固定、项目单一。发展单一项目是这类赛事的侧重点，也是其与周期性综合赛事的主要区别。典型赛事有世界杯足球赛、网球公开赛等。

③ 联赛。联赛是一种项目单一、持续时间较长、比赛模式较为固定，以主客场制为主要组织形式的体育赛事，主要代表有五大足球联赛、美国职业篮球联赛等。

④ 临时性赛事。临时性赛事最大的特点是随机性，无论是赛事的规模、举办地点、举办时间还是赛事内容等，都具有一定的随机性。

时效性也是这类赛事的主要特点之一，大部分临时性赛事都属于商业赛事，有多种组织策划方式，市场化特征非常明显。

⑤ 主体参与型赛事。主体参与型赛事强调主体的参与性和参赛者的主体地位，具有丰富多样性（形式、内容）、群众性以及业余性等特征，

① 蔡伊娜. 上海市重大国际单项体育赛事行政管理体制现状与发展对策研究[D]. 上海：上海体育学院，2011.

主要代表有体育节、登山节、马拉松等。

（3）其他分类方式

体育赛事还有两种与上述类似的分类方式，一种是以赛事规模、水平和类别为依据划分的，还有一种与上述第二种分类方式相似，也以赛事周期与主导的交替原则为依据，但兼顾了赛事审批制度的相关规定，这两种类似的分类方式见表5-4。

表5-4　体育赛事的分类

体育赛事的分类		类型
根据赛事规模、水平及类别划分		职业体育赛事
		体育商业赛事
		大型综合赛事
		群众性赛事
根据赛事周期与主导原则、赛事审批制度规定	公益性体育赛事	周期性综合赛事
		周期性单项赛事
		主体参与型赛事
	商业性体育赛事	联赛
		临时性体育赛事

3.体育赛事的经济价值

在体育赛事具有巨大的经济价值，受体育赛事经济影响较大的产业有住宿业、餐饮业、零售业以及相关娱乐产业等。在体育赛事举办期间、赛事结束后，在举办地区仍会有各种相关产业持续发生买卖行为。体育赛事对举办地经济的影响主要表现为举办地各行业依靠体育赛事获得了可观的经济利益。

体育赛事对举办地经济的影响中，有一种被称为二次影响的方式——引致影响。它是指赛事举办地区的经济单位因为举办体育赛事的直接或间接经济影响所增加的收入在当地的再消费程度，是由体育赛事引起的本地区居民收入增加后，居民将部分收入又用于在本地经济系统中的消费，从而对本地经济再次产生的影响。

图5-2直观地反映了体育赛事对举办地的经济影响。事实上，不同类型的体育赛事对举办地经济的影响程度是不同的，越是大型的赛事，影响越大，如奥运会对举办地经济的影响就非常大，如图5-3所示。

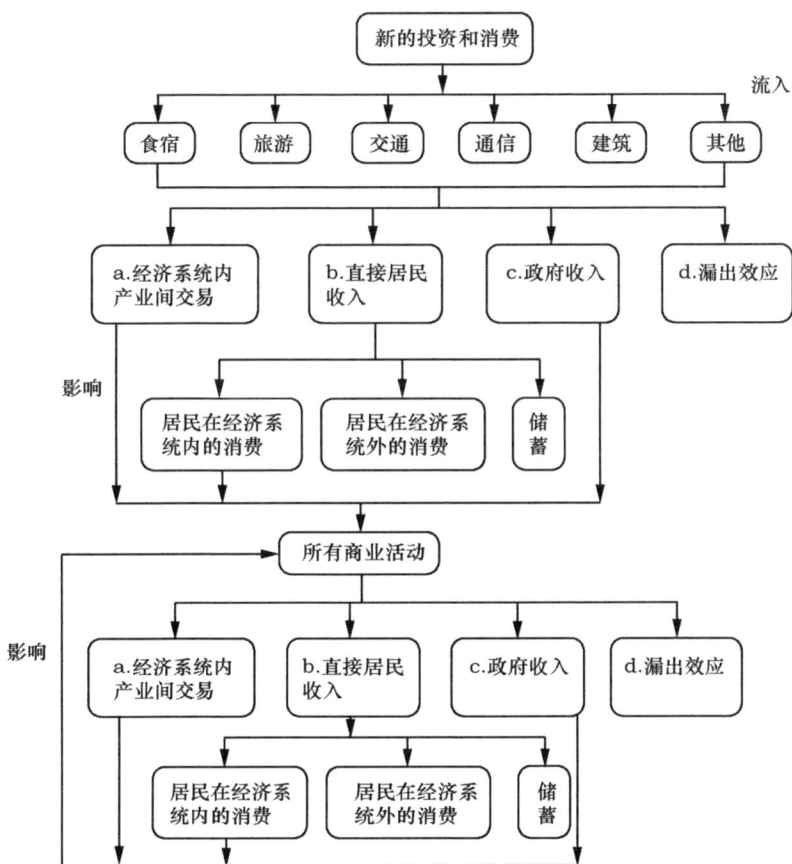

图 5-2　体育赛事对举办地的经济影响 [①]

　　鉴于体育赛事带来的重要经济影响，各地应从本地实际情况出发，积极承办体育赛事，开发体育赛事产业，扩大体育赛事市场消费，充分发挥体育赛事的经济价值，带动本地相关产业的发展，促进本地整体经济水平的提升。

（二）体育赛事产业

　　体育赛事产业是体育产业的一个分支，其定义有狭义和广义之分，狭义的体育赛事产业主要针对某次具体的体育赛事进行投入产出分析；广义的体育赛事产业涉及面广、企业种类多且相互关联，可针对体育赛事产业

---

　　① 李晓霞. 当代社会体育赛事流程策划研究［M］. 北京：中国农业大学出版社，2018.

关联的各个层面，在整个体育赛事产业链上进行全面系统的投入产出分析。从产业关联标准来看，体育赛事产业在体育产业中占据核心地位，不仅为体育产业的中介产业和外围产业提供了广阔市场，还促进了其他相关行业的快速发展。概括而言，体育赛事产业指的是为体育赛事提供服务的企业经济活动的集合，也被称作体育竞赛产业、体育竞赛表演业。[1]

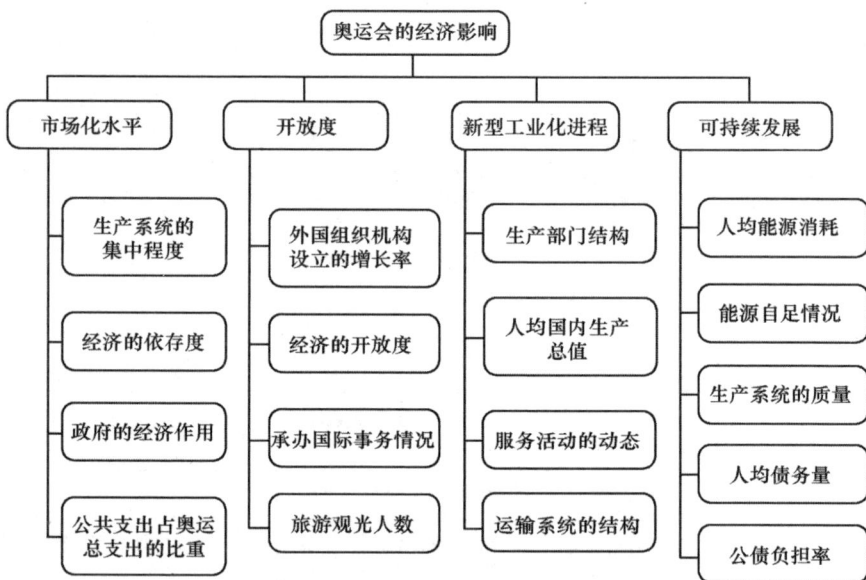

图 5-3　奥运会的经济影响指标 [2]

二、社会体育赛事产业的市场营销手段

社会体育赛事的市场营销是社会体育赛事产业发展的一个重要环节。社会体育赛事运作的组织管理机构在体育赛事运作环境的不断变化中，基于体育赛事这一载体，结合市场经济规律采取有效手段促进赛事相关利益主体的需求的满足，从而促进体育赛事经济效益的提升和社会效益的扩大。

在市场经济环境下，除了体育赛事运作管理机构在体育赛事市场营销中发挥主要作用外，市场营销中还有许多重要的参与力量，被统称为代理

① 余守文. 体育赛事产业与城市竞争力：产业关联·影响机制·实证模型 [M]. 上海：复旦大学出版社，2008.

② 李晓霞. 当代社会体育赛事流程策划研究 [M]. 北京：中国农业大学出版社，2018.

机构，如体育赛事媒体机构、体育经纪人、专业广告公司、公关公司等。当前，我国现有的体育赛事运作代理机构比较少，规模也不大，而且运作有待规范，职业化水平也有待提高，未来还需要很长的时间才能发展壮大。

社会体育赛事产业的市场营销手段丰富多样，而且运用灵活，下面简单分析三种运用比较普遍的市场营销手段。

（一）赛事自有广告

社会上各种各样的体育赛事本身就是非常具有吸引力和号召力的传播载体。比如，在一些热门体育赛事中，赛场周围随处可见的广告牌不仅将重要的广告信息传播给了现场观众，而且在电视传播赛事时，全国各地的人都能看到广告牌上的信息。体育赛事运作管理机构在开发市场、筹资时都要依赖这些广告资源来取得可观的经济效益，而且在社会体育赛事营销中，与赛事相关的广告本身也是非常重要的营销手段之一。

体育赛事运作管理机构掌握着赛事自有广告的经营权，不需要付费给其他专门的广告公司，但在自有赛事广告的经营中会将一些费用用于广告设计、制作、发布和维护上。在社会体育赛事的市场营销中使用赛事自有广告这一营销手段时，要注意控制可利用的赛事广告资源的数量，选择一部分更有价值的赛事广告资源来进行赛事营销，将另外的广告资源用于获取体育赛事的经济效益。

另外，一般是在体育赛事举办期间发布赛事自有广告资源的，广告覆盖面有限，目标群体特定，赛事市场营销可达到的社会效益是有局限性的，选择这一营销手段时要充分考虑到这一点。

（二）媒体广告

媒体广告是最常见的体育赛事市场营销手段之一，它是指体育赛事运作管理机构直接向媒体经营单位付费或用体育赛事资源来有偿交换的一种营销方式。这类营销手段的主要实现方式有杂志广告、电视广告、户外广告（建筑体广告、灯箱广告、霓虹灯广告、车身广告等）、互联网广告等。其中，户外广告有多种类型，而且付费的数额比其他广告形式低，是体育赛事运作管理机构广泛选择的一种媒体广告形式，即在明确的营销目标群体中展示广告，达到良好的营销效果。

（三）赛事相关活动

体育赛事相关活动也是一种常用的赛事营销手段，它是指面向不同目标群体，围绕赛事而开展的以满足目标群体特定需求的相关活动。我国大型综合性运动会上有许多围绕比赛而开展的相关活动，如开闭幕式表演、表彰体育先进等，这些在营销方面的因素并不突出。随着我国社会体育赛事产业的不断发展，体育赛事加快了社会化与市场化改革进程，体育赛事运作机构的营销观念也越来越强烈，于是普遍将各种赛事相关活动作为赛事营销手段而扩大赛事的影响力和社会效益。

随着科技的不断进步，社会相关行业之间呈现出相互整合、渗透与融合的发展趋势，各种新媒体层出不穷，如移动电视、手机电视、网络电视等就是广播电视行业与通信行业经过相互融合、渗透而创造出来的新媒体。新媒体的出现使体育赛事营销手段更加丰富多样。

总之，强调掌握社会体育赛事产业发展中的各种市场营销方式，并不是要划分营销手段的不同类别，而是强调对不同营销手段优势和缺陷的深入了解，并根据体育赛事的市场运作需要对不同的营销方式加以灵活选择和适当组合，实现预期的赛事营销目标。

三、社会体育赛事产业的运营管理

（一）社会体育赛事产业运营管理的主体

人力资源要素是社会体育赛事运营管理结构体系的首要组成因素。人力资源主要包括社会体育赛事的组织者、管理者和直接参与者，其中管理者是社会体育赛事运营管理的主体，发挥着举足轻重的作用。体育赛事运营管理者的专业管理能力直接决定了赛事运营管理水平和赛事运营发展水平。不同类型、不同规模的社会体育赛事对管理者的专业能力提出了不同的要求，具体到某一个赛事，其管理系统内部也需要不同层次或水平的管理知识或技能。显然，赛事管理水平与赛事的具体情况，如赛事目标、赛事构成要素等有极大的关系。

社会体育赛事运营管理者应该具备的专业能力按等级划分如图5-4所示，不同层次的知识、能力、素质等构成了"高级—中级—初级"三级分层体系，图中所示的各类知识与技能对于不同管理层次的管理主体的重要性是不同的。

如果不对体育赛事运营管理人员进行层级性的角色分类，则可将体育赛事运营管理人员所需的知识与技能分为"设计""行政管理""赛事运营""风险"和"市场营销"五个领域，如图5-5所示。

（1）在"设计"领域，将赛事看成一个产品，向消费者提供消费内容，主要涉及项目活动、环境布置、主题、接待等。

（2）在"行政管理"领域，包括赛事的财务与资金、人力资源、信息、采购、利益相关者、系统与时间管理等。

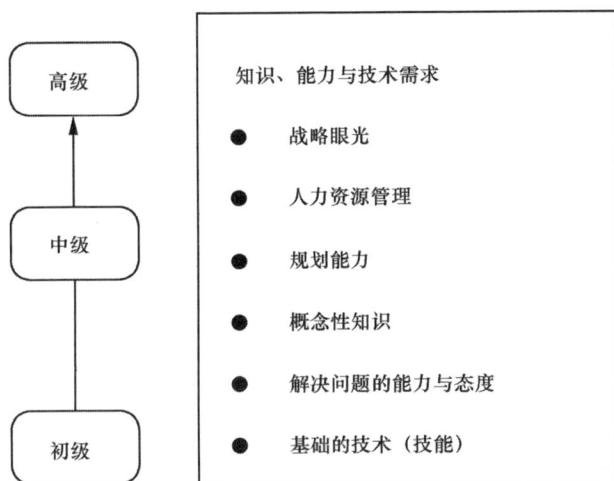

图 5-4　体育赛事运营管理能力的三级分层体系 [1]

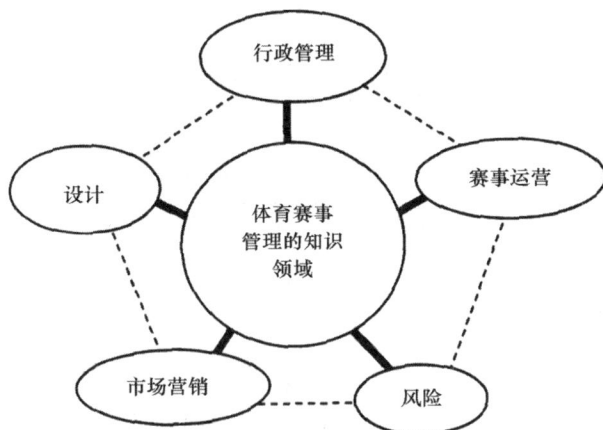

图 5-5　体育赛事管理主体的知识领域 [2]

（3）在"赛事运营"领域，主要进行赛场管理，管理对象包括赛事参与者、基础设施、后勤、技术等。

（4）在"风险"领域，包括服从法律和规章制度，在合理的制度框架内举行赛事，还包括对突发事件、安全、保险、决策分析等方面的管理。

（5）在"市场营销"领域，除了包括传统的市场营销"4P"（四个基本

① 陶卫宁. 体育赛事策划与管理［M］. 重庆：重庆大学出版社，2015.

② 陶卫宁. 体育赛事策划与管理［M］. 重庆：重庆大学出版社，2015.

策略的组合：Product（产品）、Price（价格）、Place（渠道）、Promotion（促销）外，还包含公共关系、赞助管理等。

（二）社会体育赛事产业运营管理体制

社会体育赛事产业是在市场经济环境下发展起来的，社会体育赛事产业管理体制必须适应大环境，适应市场经济的需要，结合市场需求办赛，这样有助于为社会体育赛事的举办争取更多的物质支持，解决社会体育赛事产业发展中的资金问题，为体育赛事产业的可持续发展提供基础保障，同时亦能通过举办体育赛事促进社会经济发展与社会文明建设。

新时期进行体育赛事产业管理体制改革，要遵循社会转型期政府职能转变、政府提供公益产品、决策与执行相分离等基本原则，同时还要满足资源整合与优化配置、明确体育赛事中相关主体之间的关系以及保证可操作性等要求。满足这些条件的体育赛事管理体制模式如图 5-6 所示。

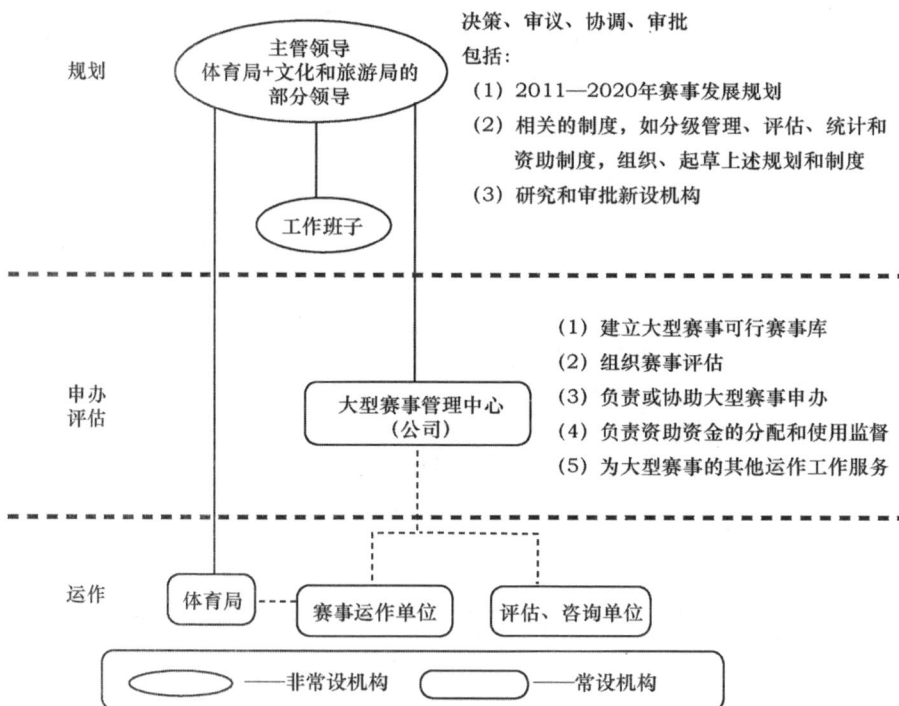

图 5-6　体育赛事管理体制模式 [1]

---

[1] 蔡伊娜. 上海市重大国际单项体育赛事行政管理体制现状与发展对策研究[D]. 上海：上海体育学院，2011.

社会体育赛事产业的管理体制新模式体现了对体育赛事进行管理的分级分类要求，其中以体育局、文化和旅游局为主要管理机构，它们的职责主要体现在对体育赛事的规划、选择、决策、审议、审批及协调；体育局的基本职能不变，但将体育赛事的规划、选择、申办等部分职能交给大型体育赛事管理中心。

运用新的管理机制模式对社会体育赛事运营进行管理，要明确体育赛事产业的长期发展战略，实行分级管理，制定配套的赛事资助制度、赛制统计与评估制度。一般先由地方体育管理部门履行大型赛事管理中心的职责，在新的管理体制运行一段时间后，根据实际情况确定是否组建与设置大型赛事管理中心。此外，一般应该在建设管理制度和完善配套制度的同时组建大型赛事管理中心。

四、新时期我国社会体育赛事产业的发展策略

（一）完善法律制度规范

以我国社会体育产业发展的相关政策和一些比较成熟的产业发展模式为依据和参考，对体育赛事产业发展的相关制度和规定予以制定，着手对社会体育赛事产业监督管理机制进行建立与完善，将监管主体及其职责明确下来。用较为健全的相关产业规定和产业制度对社会体育赛事市场发展秩序予以维护，不断规范和拓展社会体育赛事市场。

（二）推动社会体育赛事产业与配套产业的协调发展

从社会体育产业发展的一般市场规律和模式出发，主动在社会体育赛事产业和其他相关体育产业之间搭建桥梁，建立关系，促进社会体育赛事产业和相关体育配套产业的协调发展。尤其要加强与社会体育赛事产业有密切关系的体育场馆建筑业、体育装备制造业、体育旅游业等产业的协调发展。

在社会体育产业与相关产业的融合发展中，以社会体育赛事产品的核心要素为中心，进一步加固体育赛事产业与配套产业的上下游产业链，促进相互关系的演进与保持。有些配套产业的产品元素不同于体育赛事产业的产品元素，与这样的配套产业建立合作关系，有助于形成新的产业价值链，其中嵌入的价值单元和价值模块对相互合作的产业都具有重要意义。

各地在发展本土体育赛事产业的过程中，要基于本地的深厚文化底蕴，大力宣传能够体现本地悠久历史文化、特色人文文化的体育赛事，使本土体育赛事的知名度和影响力不断提升，吸引更多的本地群众积极关注赛事和主动参与参赛。在宣传体育赛事的过程中，要将互联网传播手段充

分利用起来，打破体育赛事文化传播的时空限制，扩大传播面，激发大众的参与热情，在促进体育赛事产业化模式完善的同时加快体育赛事产业与其他相关产业协同发展的多边发展态势的形成。

（三）加强专业团队的培养与建设

社会体育赛事产业的运营离不开由高水平人才组成的专业而高效的体育团队。人才资源被很多国家视作最重要的发展资源，任何产业尤其是新兴产业的发展都离不开人才。社会体育赛事产业作为一个新兴产业，必须依赖专业团队的高效运营与管理才能快速发展，才能提高发展效率。因此，在社会体育赛事产业的发展中，必须注重专业人才团队的建设与培养，积极培育既懂体育赛事组织策划，又懂体育赛事市场运营管理的复合型人才团队。在专业团队建设中也要积极引进国外优秀人才，借鉴国外的先进管理经验。

高等院校是培养高素质、高水平人才的重要基地，在体育赛事专业人才培养中发挥着举足轻重的作用，因此要大力支持高等院校开展与体育赛事产品营销有关的课程，推动高校专业课程教育与社会有关企业的合作，如联合创办体育赛事专业技能培训班，大力提升从业者的专业技能水平，从而为社会体育赛事产业的可持续发展提供智力支持。

第六章 常见社会体育项目的健身方法指导研究

社会体育项目丰富多彩，不同人群有不同的运动喜好，有些体育项目大部分人都适合参与，如健身走和健身跑，而有些体育项目适合不同群体参与，如太极运动更受老年人欢迎、球类运动更适合青壮年参与、塑形运动比较适合女性参与，等等。选择适合自己的体育项目，科学进行锻炼，能够更好地达到参与目标，提高运动效果。

第一节 具有普适性的跑步健身方法指导

健身跑是最常见的有氧运动方式之一，也是有氧运动中最基础的一种方式，其具有灵活方便、适应性良好、易操作、可有效增加体能储备、健身效果明显以及恢复快等特点和优势。科学进行健身跑锻炼，有助于增强呼吸循环系统的功能；提高肌肉的充实度，改良骨骼结构，促进骨骼发育，预防中老年骨质疏松症；增强心血管系统功能，使心脏工作能力更加持久；改善肝脏工作能力；提高骨骼肌的耐力，延缓疲劳；提高人体对外界的适应能力；对人的大脑产生良好的影响；改善焦虑、抑郁等不良心理状态；等等。总之，科学的健身跑对促进身心健康十分有益。

健身跑有许多不同的练习形式，下面介绍几种常见锻炼形式的操作方法和注意事项。

一、原地跑

原地跑一般适合在室内进行，普通健康群体、有较好锻炼基础的慢性病患者都适合参与原地跑锻炼。

原地跑的时间可长可短，健身者可根据自身情况而定。在原地跑过程中，为增加运动强度和运动量，实现更好的锻炼效果，可逐渐加快跑的速度，动作幅度也可逐渐加大。健身者可根据自己的跑步速度选择适当的音乐伴奏，从而提高锻炼的兴致。

二、滑步跑

滑步跑是指侧身而跑，即向左或向右跑动的方式。向左跑时，右脚先从左脚之前向左侧移动一步，左脚则从右脚之后向左移动一步，如此反复侧向前进；向右跑时，动作相反。

科学的滑步跑练习可促进机体灵活性、敏捷性、协调性及平衡性的提高。这种跑步方式多和其他跑步方式结合使用。

三、慢速跑

慢速跑（慢跑）是一种非常重要的健身跑方法。一般可根据身体情况选择跑步距离，然后匀速慢跑完这段距离。

健身慢跑时，刚开始的速度以每分钟90～100步为宜，然后逐渐增加到每分钟110～130步。每次跑的总距离最好控制在3 500～5 000米。每次持续跑的时间保持在30分钟左右，每日或隔日锻炼一次。

四、变速跑

变速跑就是在跑的过程中快跑和慢跑交替进行。参与变速跑锻炼，可提高耐力素质和速度耐力，增强身体机能。体质较好的健身跑爱好者适合进行变速跑锻炼。

在变速跑的过程中，快跑时，肌肉活动激烈，氧需求量增多，不能满足运动对氧的需求，属于无氧代谢；慢跑时，肌肉活动不是很激烈，吸入的氧气可以满足肌肉活动的需要，属于有氧代谢。有氧和无氧的结合可促进有氧耐力和无氧耐力的发展。

五、定时跑

定时跑有以下两种情况：

（1）每天跑一定时间，速度和距离没有限制，如开始时每周2次，每次跑半小时，以后每周增加到3～5次，每次跑步时间增加到1小时左右等。

（2）限定在某段时间内跑完一定距离的方法，如开始时5分钟内跑完500米，以后随运动水平的提高可缩短时间，加快速度，或加长距离。这一锻炼形式对于提高速度耐力素质，增强体力具有良好效果。

六、倒退跑

倒退跑（倒跑）是背对跑步方向、两脚向后移动的一种跑步方式。倒退跑时，上体正直稍向后，抬头挺胸，目视前方，双手在腰间半握拳，一腿抬起向后迈出，脚尖着地，身体重心随之后移，另一腿以同样的方式移动，小跑步向后退，两腿交替进行，两臂协调前后自然摆动，身体不要晃动。

七、迂回跑

迂回跑是一种游戏式的跑步方式，十分有趣，更适合青少年，可提高身体灵活性。

迂回跑时，在跑步途中隔一段距离设置一个障碍物，每两个障碍物之间的距离可以相同，也可以不同，然后交替从障碍物两侧跑过，最后再以相同的方式返回。

八、旋转跑

旋转跑是倒序运动中一项特殊的健身运动方式，与正常跑、倒跑都不同，是向前跑、侧身跑和倒退跑几种方式的结合。通过综合性跑的练习，可促进全身血液循环和增强脑部供氧功能，锻炼机体各个器官，同时可以提升人体平衡能力。

旋转跑时，先原地顺时针和逆时针旋转，注意要匀速。开始跑时，圈子大一点，速度慢一点，速度由慢到快，圈子由大到小。习惯顺时针和逆时针的转圈后，可在跑步过程中不时地旋转，并逐步增加旋转频率、速度及圈数。初跑者宜将速度放慢，跑动距离控制在一定范围内，跑步方式可根据自身喜好自由选择。

九、跑楼梯

跑楼梯也是一种比较常见的健身跑方式，该跑步方式对于改善新陈代谢、增强心肺功能、延缓肢体肌群萎缩、避免韧带僵硬、预防骨质疏松脆弱具有重要的作用。

在跑楼梯过程中，腰、背、颈部和肢体要不间歇地活动，肌肉有节奏地收缩和放松。

十、跑跳交替

跑跳交替指的是先跑一段距离，然后跳几下，再跑一段距离，再跳几下，跑跳交替进行。健身者可根据自身情况决定跑的速度，慢跑、中速跑均可，要求动作协调，轻松自如，节奏性良好。

由跑向跳转变时，身体在向前跑的过程中尽可能向上跳，使身体肌肉、关节在长时间的连续活动中得到休息，这对缓解疲劳，提高身体弹力有良好效果。

第二节　青年人球类运动健身方法指导

一、篮球健身方法指导

篮球运动是大众喜闻乐见的一项健身运动，对人体健康十分有益，不仅能使人达到强身健体的目标，还可以使人充分展示自己的个性，发挥潜能和创造力。经常参加篮球运动，可以锻炼身体各个部位的肌肉，使体形更加匀称，体格更加健壮。篮球运动对抗较为激烈，要求参与者机体新陈代谢旺盛，体内物质能源快速转换，因此可以增强人体心血管、呼吸、消化等器官系统的功能，提高机体各组织系统的工作能力，还能促进人体各项运动素质（力量、速度、耐力、弹跳、灵敏等）的发展。此外，篮球运动还有利于培养集体主义精神和良好的心理品质，促进参与者个性、自信心、意志力、道德品质等方面素质的全面发展。参与篮球健身运动，关键要掌握好篮球技术方法，指导如下。

（一）移动步法

1. 滑步

滑步是一种防守移动方式，易于保持身体平衡，可以向任何方向移动。动作开始时，为了保持身体的平衡和灵活性，两脚平行站立，屈膝，上体略前倾，两臂侧伸。向左侧滑步时，左脚向左移动，同时右脚蹬地滑动靠近左脚，两脚保持一定距离，左脚继续跨出。向前滑步时，前脚向前迈出一步，着地的同时，后脚紧随着向前滑动。向后滑步时，一只脚向后撤步着地的同时，前脚紧随向后滑动，保持前后开立姿势。

滑步时，保持屈膝降低重心，两腿不要交叉，重心在两脚之间，两臂自然挥摆，全身协调用力，目视对方。

2. 上步

向前上步时，后脚前脚掌短促有力地蹬地，重心前移，上体前倾，迅速向前移动。

向侧上步时，一侧脚的前脚掌用力蹬地，同时上体迅速向移动方向侧转并前倾，重心跟随移动。

3. 侧身跑

侧身跑是为了抢位、摆脱防守、接侧向或侧后方传来的球而采用的一种跑动方法。在跑的过程中，头部和上体转向侧面或有球一侧，脚尖朝跑动方向。跑动时，既要保持奔跑速度又要保持身体平衡，双手自然放在腰侧。

（二）运球技术

1. 高运球

两脚开立，身体稍前倾，微屈膝，右臂自然屈肘，右手拍球上方，手臂跟随球移动的节奏上下来回摆动。争取每次拍按球后，使球落在身体右前方。

2. 低运球

屈膝，重心降低，上体前倾，主要用手指按拍球的后上方部位，动作短促有力，注意控制力度，尽量使球弹起后达到膝部高度。

（三）传接球技术

1. 传球技术

（1）双手胸前传球

十指分开，双手拇指相对成"八"字形，用指根以上部位持球，屈肘，球放在胸前。传球时，后腿蹬地、重心前移，翻转手腕，前臂伸展，拇指用力下压，手腕前屈，食指和中指发力拨球。

（2）单手肩上传球

以右手传球为例：左脚向传球方向移动半步，同时引球到右肩上方，上臂平行地面，肘臂外展，手腕后仰；左臂对准传球方向，重心在右腿，右脚蹬地，转体，前臂迅速前挥，手腕前屈，食指和中指用力拨球；球出手后重心前移，保持平衡。

2. 接球技术

（1）双手接球

目视来球，手臂伸展，十指分开，两手成半圆形，两手拇指成"八"字形，手指朝前上方。手指触球后，两臂随球后引，缓冲来球力量。

（2）单手接球

以右手接球为例：右脚向来球方向移动，目视来球，接球时，手掌成钩形，五指分开，右臂伸向来球；手指触球后，右臂顺势后下引，左手迅速握球。

（四）投篮技术

1. 原地右手投篮

双脚开立，屈肘，稍屈膝，上体前倾，手腕后仰，手心空出，持球于右前上方，左手扶球侧，目视篮筐。投篮时两腿蹬伸，手腕前屈，食指和中指发力拨球。

2. 跳起右手投篮

两脚开立，微屈膝，上体放松，目视篮筐。持球于胸腹间，起跳时，重心降低，伸腰、摆臂举球，同时向上跳起，至最高点时右臂向前上方伸展，用指端拨球。落地时适度屈膝，以获得有效缓冲。

（五）持球突破技术

1. 原地持球交叉步突破

以右脚做中枢脚从防守队员右侧突破为例：两脚开立，微屈膝，重心下移，持球于胸腹位置。突破时，右脚向右前方移动一小步，待防守者移动后，右脚快速蹬地向左前方移动一大步，上体稍左转，右肩向前下方压低，重心移向左前方，引球于身体左侧，左手推按球，左脚迅速蹬地突破防守。

2. 原地持球同侧步突破

以左脚作中枢脚为例：准备姿势和突破前的动作方法同上；突破时，用投篮假动作迷惑对手，当对手"上钩"时，右脚迅速向前跨出，上体随动，左脚用力蹬地向前移动，边运球边突破防守。

（六）抢篮板球技术

1. 抢进攻篮板球

以外线队员抢篮板球且从防守人身后左侧冲抢为例：进攻时面向球篮，右脚向右跨步，做假动作，随后右脚以小步向左跨出，重心落在左脚，同时右脚迅速向前跨步绕前，挤靠防守者，从而跳起抢篮板球或补篮。

2. 抢防守篮板球

对处于外围的防守队员抢篮板球，当进攻队员投篮、防守队员面向对手时，进攻队员观察对手的意图，转身阻止对手移动到篮下，抢占有利位置。起跳抢球时，两臂上摆，同时前脚掌用力蹬地，身体和手臂迅速伸展，并在最高点及时迅速抢球。

二、足球健身方法指导

足球运动是青年人非常喜欢参与的球类运动之一。参加足球运动能有效提高各器官、系统的功能，促进身体素质的全面发展，增强顽强拼搏的竞争意识，锻炼思维清晰、反应敏锐、机智果断的逻辑思维能力。参与足球运动，要准确掌握下列各项主要技术的动作方法。

（一）踢球技术

1. 脚内侧踢球

直线助跑，支撑脚踏在球的侧方15厘米处，膝微屈，脚尖指向出球方向。支撑脚着地时，踢球腿以大腿带动小腿向前摆动，前摆时大腿外展，脚尖稍翘，脚底和地面平行，当膝关节接近球上方时小腿加速前摆，以脚内侧部位击球的后中部，击球时踝关节要绷紧，保持正确的脚型。击球后身体自然前送。

2. 脚背内侧踢球

踢定位球时，斜线助跑，助跑方向和出球方向约成45°。最后一步跨出稍大，支撑脚踏在球的侧后方20～25厘米，脚尖指向出球方向，膝关节微屈，支撑脚跨出时支撑腿同时后摆，支撑脚着地时踢球腿大腿带动小腿向前摆动。当大腿摆至与支撑腿接近同一平面时，小腿加速摆动，此时脚尖外展，脚背绷直，以脚背内侧部位触击球。击球后踢球腿及身体随球向前。

（二）运球技术

1. 正脚背运球

运球时，上体前倾，步幅放大，运球脚提起时，膝关节弯曲，脚尖向下，以脚背正面推拨球前进。

2. 脚内侧运球

运球时，支撑腿向前跨出一步，落在球的侧前方，膝关节微屈，重心落在支撑脚上，上体向带球方向前倾，用运球脚内侧推拨球后中部前进。

3. 脚背内侧运球

由于身体稍侧转，脚背内侧运球不能采用正常的跑动姿势，因此不适用于快速跑动运球。但身体前倾有利于将对手与球隔开用于掩护性运球。直线运球时，支撑脚踏落于球的侧前方，身体侧转上体前倾，步幅宜小，运球腿提起外展，膝微屈外传，脚尖外传，在运球脚落地前用脚背内侧推拨球，使球随身体前进。

（三）接球技术

1.脚内侧接球

（1）脚内侧接地滚球

支撑脚脚尖正对来球，膝关节微屈，接球腿提膝，大腿外展，脚尖微翘，脚底与地面平行，以脚内侧正对来球。脚触球的瞬间，根据来球的力量、速度做缓冲或者切压的动作，将球接在脚下。

（2）脚内侧接空中球

根据来球的速度和高度，准确地选择接球点并快速移动到位，接球时，接球腿要屈膝抬起，脚尖稍上翘，脚要端平用脚内侧迎球，脚触球瞬间快速撤引缓冲，将球接在下一动作所需的位置。

2.胸部接球

以挺胸式接球为例：面对来球站立，两膝微屈，身体后仰，下颌微收，两臂自然张开，以保持身体平衡；接触球瞬间，两脚蹬地、伸膝用胸部托顶球的下部，使球向前上方弹起落于体前，并快速用脚控制住球。

（四）头顶球技术

1.前额侧面顶球

身体侧对来球，两脚自然前后站立，击球一侧支撑腿在前，颈部收紧，身体以腰为轴向侧后微屈，重心落在后脚上，两臂自然张开，眼睛注视来球，顶击球时，后脚向击球方向蹬伸，身体向出球方向转动侧摆，用前额侧面将球击出。

2.前额正面顶球

正对来球方向，两腿左右、前后开立均可。膝关节微屈，两臂自然张开，身体后仰，挺胸展腹，颈部收紧，两眼注视来球，蹬地收腹，以腰为轴快速前摆。当球至身体的垂直部位时，用前额正面击球的后中部，触球瞬间颈部做爆发式振摆。顶球后上体随球前摆。

（五）守门员技术

1.接平球

接球前，两臂屈肘置于胸前两侧，在球接触胸前的一瞬间，两臂夹紧，收缩两手，抱住球的侧上部，迅速置于胸前。

2.接高球

手指自然张开，拇指相对，食指与拇指成"桃形"。当手触球时，手腕和手指适当用力将球接住，同时屈肘，回缩并下引，顺势翻掌将球抱于胸前。要求判断球路与落点要准，跑动、起跳要准，控制高度要快。

3.接地滚球

接地滚球分直立接球和单膝跪立接球两种。直立接球时，两脚要自然并拢不留空隙，脚尖对准来球，上体前屈，两臂自然下垂近地，手指自然张开，手心向前，两手接球底部；接球后，两臂同时弯曲并互相靠拢，将球提前紧抱。单膝跪立接球时，两腿向侧前方开立，前腿弯曲，后腿跪立，膝关节触地，并靠近前脚跟，不留中空，上体前倾，两臂下垂，掌心对准来球方向，两手接球低部，并将球抱至胸前。

第三节　老年人太极运动健身方法指导

一、太极拳运动健身方法指导

太极拳是中华民族传统体育的精华，具有益气养神、固肾健脾、通经脉和气血、养筋骨、利关节的强身健体和防治疾病之功效，非常适合老年人参与。社会上流行的二十四式太极拳套路是初级太极拳套路健身练习方法，内容精练，动作规范，健身功效显著。二十四式太极拳套路动作名称如下。

第一组：起势；左右野马分鬃；白鹤亮翅。

第二组：左右搂膝拗步；手挥琵琶；左右倒卷肱。

第三组：左揽雀尾；右揽雀尾。

第四组：单鞭；云手；单鞭。

第五组：高探马；右蹬脚；双峰贯耳；转身左蹬脚。

第六组：左下势独立；右下势独立。

第七组：左右穿梭；海底针；闪通臂。

第八组：转身搬拦锤；如封似闭；十字手；收势。

下面重点分析二十四式太极拳套路的健身方法。

（一）第一组

1. 起势

（1）两脚并拢，身体自然直立，头颈正直；两臂自然下垂，两手指尖轻贴大腿外侧；眼向前平视。

（2）左脚向左慢慢开步，与肩同宽，脚尖向前。

（3）两臂慢慢向前平举，两手高与肩平，与肩同宽，手心向下。

（4）上体保持正直，两腿屈膝下蹲；同时两掌轻轻下按至腹前，两肘下垂与膝相对；眼平视前方。

2. 左右野马分鬃

（1）上体微向右转，身体重心移至右腿；同时右臂收在胸前平屈，手心向下，左手经体前向右下画弧放在右手下，手心向上，两手心相对呈抱球状；左脚随即收到右脚内侧，脚尖点地；眼视右手。

（2）上体微向左转，左脚向左前方迈出，同时左右手随转体慢慢分别向左上、右下错开；眼视左手。

（3）上体继续左转，右脚跟后蹬，右腿自然伸直成左弓步；左右手随转体继续向左上、右下分开，左手高与眼平，手心斜向上，肘微屈；右手落在右胯旁，肘也微屈，手心向下，指尖向前；眼视左手。

（4）上体慢慢后坐，身体重心移至右腿，左脚尖翘起，微向外撇（45°～60°），同时两手准备抱球。

（5）左脚掌慢慢踏实，左腿慢慢前弓，身体左转，身体重心再移至左腿；同时左手翻转向下，左臂收在胸前平屈，右手向左上画弧放在左手下，两手心相对呈抱球状；右脚随即收到左脚内侧，脚尖点地；眼视左手。

（6）上体微右转，右腿向右前方迈出，同时左右手随转体慢慢分别向左下、右上错开；眼视右手。

（7）左腿自然伸直成右弓步；同时上体继续右转，左右手继续随转体分别慢慢向左下、右上分开，右手高与眼平，手心斜向上，肘微屈；左手落在左胯旁，肘也微屈，手心向下，指尖向前；眼视右手。

（8）与（4）同，唯左右相反。

（9）与（5）同，唯左右相反。

（10）与（6）同，唯左右相反。

（11）与（7）同，唯左右相反。

3. 白鹤亮翅

（1）上体微向左转，左手翻掌向下，左臂平屈胸前，右手向左上画弧，手心转向上，与左手相对呈抱球状；眼视左手。

（2）右脚跟进半步，上体后坐，身体重心移至右腿；上体先向右转，面向右前方，眼视右手，然后左脚稍向前移，脚尖点地，成左虚步；同时上体再微向左转，面向前方，两手随转体慢慢向左下、右上分开，右手上提停于右额前，手心向左后方，左手落于左胯前，手心向下，指尖向前；眼平视前方。

（二）第二组

1. 左右搂膝拗步

（1）右手从体前下落，由下向后上方画弧举至右肩外侧，肘微屈，手与耳同高，手心斜向上；左手由左下向上、向右下方画弧至右胸前，手心斜向下；同时上体先微向左再向右转；左脚收至右脚内侧，脚尖点地；眼视右手。

（2）上体左转，左脚向前（偏左）迈出成左弓步；同时右手屈回由耳侧向前推出，高与鼻尖平，左手向下由左膝前搂过落于左胯旁，指尖向前；眼视右手。

（3）右腿慢慢屈膝，上体后坐，重心移至右腿，左脚尖跷起微向外撇，随后脚慢慢踏实，左腿前弓，身体左转，重心移至左腿，右脚收到左脚内侧，脚尖点地；同时左手向外翻掌由左后向上画弧至左肩外侧，肘微屈，手与耳同高，手心斜向上；右手随转体向上向左下画弧落于左胸前，手心斜向下；眼视左手。

（4）与（2）同，唯左右相反。

（5）与（3）同，唯左右相反。

（6）与（2）同。

2. 手挥琵琶

（1）右脚跟进半步，上体后坐，重心移至右腿，上体半面向右转。

（2）左脚略提起稍向前移，变成左虚步，脚跟着地，脚尖跷起，膝部微屈；同时左手由左下向上挑举，高与鼻尖平，掌心向右，臂微屈。

（3）右手收回放在左臂肘部里侧，掌心向左；两手成侧立掌合于体前；眼视左手食指。

3. 左右倒卷肱

（1）上体右转，右手翻掌（手心向上）经腹前由下向后上方画弧平举，臂微屈，左手随即翻掌向上；眼随着向右转体先右视，再转向前方视左手。

（2）右臂屈肘折向前，右手由耳侧向前推出，手心向前，左臂屈肘后撤，手心向上，撤至左肋外侧；同时左腿轻轻提起向后（偏左）退一步，脚掌先着地，然后全脚慢慢踏实，身体重心移到左腿，成右虚步，右脚随转体以脚掌为轴扭正；眼视右手。

（3）上体微向左转；同时左手随转体向后上方画弧平举，手心向上，右手随即翻掌，掌心向上；眼随转体先左视，再转向前方视右手。

（4）与（2）同，唯左右相反。

（5）与（3）同，唯左右相反。

（6）与（2）同。

（7）与（3）同。

（8）与（2）同，唯左右相反。

（三）第三组

1. 左揽雀尾

（1）上体微向左转；同时右手随转体向后上方画弧平举，手心向上，左手放松，手心向下；眼视左手。

（2）身体继续向右转，左手自然下落，逐渐翻掌经腹前画弧至右肋前，手心向上；右臂屈肘，手心转向下，收至右胸前，两手相对呈抱球状；同时身体重心落在右腿上，右脚收至右脚内侧，脚尖点地；眼视右手。

（3）上体微向左转，左脚向左前方迈出，上体继续向左转，右腿自然蹬直，左腿屈膝成左弓步；同时左臂向左前方掤出（左臂平屈成弓形，用前臂外侧和手背向前方推出），高与肩平，手心向后；右手向右下落，放于右胯旁，手心向下，指尖向前；眼视左前臂。

（4）身体微向左转，左手随即前伸翻掌向下，右手翻掌向上，经腹前向上、向前伸至左前臂下方，然后两手下捋，即上体向右转，两手经腹前向右后上方画弧，直至右手心向上，高与肩平，左臂平屈胸前，手心向后；同时身体重心移至右腿；眼视右手。

（5）体微向左转，右臂屈肘折回，右手附于左手腕里侧（相距约 5 厘米），上体继续向左转，双手同时向前慢慢挤出，左手心向后，右手心向前，左前臂要保持半圆；同时身体重心逐渐前移变成左弓步；眼视左手腕部。

（6）左手翻掌，手心向下，右手经左腕上方向前、向右伸出，高与左手齐，手心向下，两手左右分开，宽与肩同，然后右腿屈膝，上体慢慢后坐，身体重心移至右腿，左脚尖跷起；同时两手屈肘回收至腹前，手心均向前下方；眼向前平视。

（7）上式不停，身体重心慢慢前移，同时两手向前、向上按出，掌心向前；左腿前弓成左弓步；眼平视前方。

2. 右揽雀尾

（1）上体后坐并向右转，身体重心移至右腿，左脚尖里扣；右手向右平行画弧至右侧，然后由右下经腹前向左上画弧至左肋前，手心向上；左臂平屈于胸前，左手掌向下与右手呈抱球状；同时身体重心再移到左腿上，右脚收到左脚内侧，脚尖点地；眼视左手。

（2）同"左揽雀尾"（3）动作，唯左右相反。

（3）同"左揽雀尾"（4）动作，唯左右相反。

（4）同"左揽雀尾"（5）动作，唯左右相反。

（5）同"左揽雀尾"（6）动作，唯左右相反。

（6）同"左揽雀尾"（7）动作，唯左右相反。

（四）第四组

1. 单鞭

（1）上体后坐，重心逐渐移至左腿，右脚尖里扣；同时上体左转，两手（左高右低）向左弧形运转，直至右臂平举，伸于身体左侧，手心向左，右手经腹前运至肋前，手心向后上方；眼视左手。

（2）重心再渐渐移至右腿，上体右转，左脚向右脚靠拢，脚尖点地；同时右手向右上方画弧（手心由里转向外），至右侧方时变勾手，臂与肩平；左手向下经腹前向右上画弧停于右肩前，手心向里；眼视左手。

（3）上体微向左转，左脚向左前侧方迈出，右脚跟后蹬，成左弓步；在身体重心移向左腿的同时，左掌随上体的左转慢慢翻转向前推出，手心向前，手指与眼齐平，臂微屈；眼视右手。

2. 云手

（1）重心移至右腿，身体渐向右转，左脚尖里扣；左手经腹前向右上画弧至右肩前，手心斜向后，同时右手松勾变掌，手心向右前；眼视左手。

（2）上体慢慢左转，重心随之逐渐左移；左手由脸前向左侧运转，手心渐渐转向左方；右手由右下经腹前向左上画弧，至左肩前，手心斜向后；同时右脚靠近左脚，成小开立步（两脚距离10~20厘米）；眼视右手。

（3）上体再向右转，同时左手经腹前向右上画弧至右肩前，手心斜向后；右手向右侧运转，手心翻转向右；随之左腿向左横跨一步；眼视左手。

（4）同（2）动作。

（5）同（3）动作。

（6）同（2）动作。

3. 单鞭

（1）上体向右转，右手随之向右运转，至右侧方时变成勾手；左手经腹前向右画弧至右肩前，手心向内；重心落在右腿上，左脚尖点地；眼视右手。

（2）上体微向左转，左脚向左前侧方迈出，右脚跟后蹬，成左弓步；在身体重心移向左腿的同时，上体继续左转，左掌慢慢翻转向前推出，成"单鞭"式。

（五）第五组

1. 高探马

（1）右脚跟进半步，身体重心逐渐后移至右腿上；右勾手变成掌，两手心翻转向上，两肘微屈；同时身体微向右转，左脚跟渐渐离地；眼视左前方。

（2）上体微向左转，面向左前方，右掌经右身旁向前推出，手心向前，手指与眼同高；左手收至左侧腰前，手心向上；同时左脚微向前移，脚尖点地，成左虚步；眼视右手。

2. 右蹬脚

（1）左手手心向上，前伸至右手腕背面，两手相互交叉，随即向两侧分开并向下画弧，手心斜向下；同时左脚提起向左前侧方进步（脚尖稍外撇）；身体重心前移；右腿自然蹬直，成左弓步；眼视前方。

（2）两手由外圈向里圈画弧，两手交叉合抱于胸前，右手在外，手心均向后；同时左脚靠拢，脚尖点地；眼平视右前方。

（3）两手臂左右画弧分开平举，肘部微屈，手心均向外；同时右腿屈膝提起，右脚向右前方慢慢蹬出；眼视右手。

3. 双峰贯耳

（1）右腿收回，屈膝平举；左手由后向上、向前下落至体前，两手心均翻转向上，两手同时向下画弧，分落于右膝盖两侧；目视前方。

（2）右脚向右前方落下，重心渐渐前移，成右弓步，面向右前方；同时两手下落，慢慢变拳，分别从两侧向上、向前画弧至面部前方，成钳形；两拳相对，高与耳齐，拳眼都斜向内下（两拳中间距离为10～20厘米）；眼视右拳。

4.转身左蹬脚

（1）左腿屈膝后坐，身体重心移至左腿，上体左转，右脚尖里扣；同时两拳变掌，由上向左右画弧分开平举，手心向前；眼视左手。

（2）身体重心再移至右腿，左脚收到右脚内侧，脚尖点地；同时两手由外圈向内圈画弧合抱于胸前，左手在外，手心均向后；眼平视左方。

（3）两手臂左右画弧分开平举，肘部微屈，手心均向外；同时左腿屈膝提起，左脚向左前方慢慢蹬出；眼视右手。

（六）第六组

1.左下势独立

（1）左腿收回平屈，上体右转；右掌变成勾手，左掌向上，向右画弧下落，立于右肩前，掌心斜向后；眼视右手。

（2）右腿慢慢屈膝下蹲，左腿由内向左侧（偏后）伸出，成左仆步；左手下落（掌心向外）向左下顺左腿内侧向前穿出；眼视左手。

（3）身体重心前移，以左脚跟为轴，脚尖尽量向外撇，左腿前弓，右腿后蹬，右脚尖里扣，上体微向左转并向前起身；同时左臂继续向前伸出（立掌），掌心向右，右勾手下落，勾尖向后；眼视左手。

（4）右腿慢慢提起、平屈，成左独立式；同时右勾手变掌，并由后下方顺右腿外侧向前弧形上挑，屈臂立于右腿上方，肘与膝相对，手心向左；左手落于左胯旁，手心向下，指尖向前；眼视右手。

2.右下势独立

（1）右脚下落于左脚前，脚尖着地，然后以左脚前掌为轴，脚跟转动，身体随之左转；同时左手向后平举变成勾手，右掌随着转体向左侧画弧，立于左肩前，掌心斜向后；眼视左手。

（2）同"左下势独立"（2）动作，唯左右相反。

（3）同"左下势独立"（3）动作，唯左右相反。

（4）同"左下势独立"（4）动作，唯左右相反。

（七）第七组

1. 左右穿梭

（1）身体微向左转，左腿向前落地，脚尖外撇，右脚跟离地，两腿屈膝成半坐盘式；同时两手在左胸前呈抱球状（左上右下）；然后右脚收到左脚内侧，脚尖点地；眼视左前臂。

（2）身体右转，右脚向右前方迈出，屈膝弓腿成右弓步；右手由脸前向上举并翻掌停架在右额前，手心斜向下；左手向左下，再经体前向前推出，高与鼻尖平，手心向前；眼视左手。

（3）身体重心略向后移，右脚尖稍向外撇，随即身体重心再移到右腿，左脚跟进，停于右脚内侧，脚尖点地；同时两手在胸前呈抱球状（右上左下）；眼视右前臂。

（4）同（2）动作，唯左右相反。

2. 海底针

（1）右脚向前跟进，身体重心移至右腿，右脚稍向前移举步；右手下落经体前向后、向上提抽至肩上耳旁，左手下落至体前侧。

（2）左脚尖点地成左虚点；同时身体稍向右转；右手再随身体左转，由右耳旁斜向前下方插出，掌心向左，指尖斜向下；同时左手向前、向下画弧落于左胯旁，手心向下，指尖向前；眼视前下方。

3. 闪通臂

（1）上体稍向右转，左脚微回收举步；同时两手上提；眼视前方。

（2）左脚向前迈出，脚跟着地；左右两手分别向左前、右后分开；左手心向前，右手心向外；眼视前方。

（3）重心前移，左腿屈膝成左弓步；同时右手屈臂上举，停于右额前上方，掌心翻转斜向上，拇指朝下；左手由胸前随重心前移慢慢向前推出，高与鼻尖平，手心向前；眼视左手。

（八）第八组

1. 转身搬拦锤

（1）上体后坐，身体重心移至右腿，左脚尖里扣；身体向右后转，然后身体重心再移至左腿；同时右手随着转体向右、向下（变拳）经腹前画弧至左肋旁，拳心向下；左掌上举于头前，掌心斜向上；眼视前方。

（2）向右转体，右拳经胸前向前翻转撇出，拳心向上；左手落于左胯旁，掌心向下，指尖向前；同时右脚收回后（不要停顿或脚尖点地）即向前迈出，脚尖外撇；眼视右拳。

（3）身体重心移至右腿，左腿向前迈出一步；左手上起经左侧向前上画弧拦出，掌心向前上方；同时右拳向右画弧收到右腰旁，拳心向上；眼视左手。

（4）左腿前弓成左弓步，同时右拳向前打出，拳眼向上，高与胸平，左手附于右前臂里侧；眼视右拳。

2.如封似闭

（1）左手由右腕下向前伸出，右拳变掌，两手手心逐渐翻转向上并慢慢分开回收；同时身体后坐，左脚尖跷起，身体重心移至右腿；眼视前方。

（2）两手在胸前翻掌，向下经腹前再向上、向前推出；腕部与肩平，手心向前；同时左腿前弓成左弓步；眼视前方。

3.十字手

（1）屈膝后坐，身体重心移向右腿，左脚尖里扣，向右转体；右手随着转体动作向右平摆画弧，与左手成两臂侧平举，掌心向前，肘部微屈；同时右脚尖随着转体稍向外撇，成右侧弓步；眼视右手。

（2）身体重心慢慢移至左腿，右脚尖里扣，随即向左收回，两脚距离与肩同宽，两腿逐渐蹬直，成开立步；同时两手向下经腹前向上画弧交叉合抱于胸前，两臂撑圆，腕高与肩平，右手在外，成十字手，手心均向后；眼视前方。

4.收势

（1）两手向外翻掌，手心向下，两臂慢慢下落，停于腹前；眼视前方。

（2）两腿缓缓蹬直，同时两掌慢慢下落至大腿外侧，然后收左脚成并步直立；眼视前方。

二、太极柔力球健身方法指导

太极柔力球是太极化的球类运动，它吸收了太极理念，主要表现为以柔克刚、以退为进、以小胜大、以巧击蛮。这项运动以"圆"为核心，整体环环相扣、圆润流畅、延绵不断。太极柔力球是全身性运动，可以全面锻炼肩、颈、腰、腿等身体各部位，而且有助于保护心脏，愉悦身心。这里主要分析太极柔力球基本套路健身方法。

起势：立正站姿，左手持球向头顶上方弧形抛出，右手持拍在头部右上方将球接住，双手在头顶呈抱圆状，球入拍时，重心降低，左脚向左移动一步。

（一）左右摆动（2×8 拍）

1. 动作方法

第一八拍：

1～8 拍：持拍手臂稍微弯曲，以肩为轴在体前向左、右两侧弧形摆动，下肢固定。

第二八拍：

同第一八拍，但要两脚同时向内侧靠近，缩短两脚间距。

2. 注意事项

（1）摆动的弧形成一个半圆（开口向上），两边对称，半径相同。
（2）左右拍位与肩齐平，拍尖向前，重心先沉后移。
（3）动作节奏性强，整体圆滑。
（4）由脚到腿、腰依次用力，手臂在腰的带动下完成摆动动作。身体不可过度上下起伏。

（二）正面绕环（4×8 拍）

1. 动作方法

第一八拍：

1～2 拍：持拍手臂在体前弧形摆动。

3～4 拍：立拍绕环（顺时针）。

5～6 拍：与 1～2 拍动作相同，反方向做。

7～8 拍：立拍绕环（逆时针）。

第二八拍：

与第一八拍相同。

第三、四八拍：

手上动作同第一、二八拍，下肢交替向左右并脚。

2. 注意事项

立拍在头前正面绕环，弧形要正、要圆，要连贯，左右保持对称。

（三）左右转体（4×8 拍）

1. 动作方法

第一八拍：

1～2 拍：两脚分开，微屈膝，两臂抱圆同肩齐高，身体向左右转。

3～4 拍：身体左转 180°。

5～6 拍：与 1～2 拍相同。

7～8 拍：与 3～4 拍相同。

第二八拍：

1～2 拍：身体右转 180°。

3～4 拍：与第一八拍 1～2 拍相同。

5～6 拍：身体右转 180°。

7～8 拍：与第一八拍 3～4 拍相同。

第三八拍：

1～2 拍：左右摆动。

3～4 拍：屈膝，向左上步，身体旋转一周。

5～6 拍：与 1～2 拍相同。

7～8 拍：与 3～4 拍相同，但要向右上步。

第四八拍：

与第三八拍相同。

2. 注意事项

（1）由腰带动全身运动。

（2）由脚到腿、腰依次用力，用力完整连贯。

（3）身体以纵轴为中心左右转动。

（四）左右小抛（4×8 拍）

1. 动作方法

第一、二八拍：

左右弧形摆动抛球，球沿拍框而离开球拍，然后接球，让球沿着拍框而入，即球的出入要沿着弧形的切线。

第三、四八拍：

同第一、二八拍，抛球后翻转球拍 180°。

2. 注意事项

（1）在摆动两侧与肩齐高处抛接球，球抛出后过头顶。

（2）用旋转的惯性抛球，用力完整连贯。

（3）对"迎、纳、引、抛"的技术正确运用，以保证动作浑然一体。

（五）正反抛接（4×8拍）

1. 动作方法

第一八拍：

1～2拍：左右弧形摆动。

3～4拍：顺时针抛接球。

5～6拍：同1～2拍。

7～8拍：逆时针抛接球。

第二八拍：

同第一八拍。

第三八拍：

1～2拍：同第一八拍1～2拍。

3～4拍：同第一八拍3～4拍，向左并步。

5～6拍：同第一八拍1～2拍。

7～8拍：与3～4拍相同，向右并步。

第四八拍：

同第三八拍。

2. 注意事项

（1）技术正确，完整连贯，弧形圆满自然。

（2）拍框对准出球和入球方向再发球、接球。

（3）抛球高度稍过头，持拍臂主动接球。

（六）腿下抛接（4×8拍）

1. 动作方法

第一八拍：

1～2拍：左右弧形摆动。

3～4拍：左腿向前踢，从右向左摆动，经左腿下沿拍框向左前上方抛球。接着左脚还原，主动迎球，沿边框引球入拍，向右摆动。

5～8拍：重复1～4拍。

第二八拍：

1～2拍：左右弧形摆动。

3～4拍：同第一八拍3～4拍，只是换右腿。

5～8拍：重复1～4拍。

第三、四八拍：

同第一、二八拍。

2. 注意事项

（1）体前和腿下的抛接球都用正手完成。

（2）体前抛接球时，两腿顺势屈伸，要有节奏感。

（3）身体保持平衡，动作流畅。

（七）身后抛接（4×8 拍）

1. 动作方法

抛接动作在身后完成。每个 8 拍前两拍都是左右摆动，3、7 拍时左脚一步上前，同时身体 90°右转，从身后向身体左侧抛球，然后在右侧拉回球，同时身体 90°右转。

2. 注意事项

（1）动作流畅、协调、圆滑。

（2）抛球高度稍过头。

（3）送球不能出现手腕发抖和用拍面向上托球的现象。

（4）沿拍框抛接球。

（八）整理运动（2×8 拍）

1. 动作方法

同第一节左右摆动，但要调换脚步移动、并脚的顺序。

2. 注意事项

（1）沿拍左边框抛球；手心向前接球，动作柔和。

（2）缓慢还原，收腿直立。

三、太极剑健身方法指导

太极剑是太极拳门派中的剑术，是在古代剑术的基础上改造发展而成的，兼具太极拳和剑术的风格特点。太极剑动作柔和舒缓，美观大方，体静神舒，内外合一，易学易练，运动量适中，具有强身健体等功效。

当前比较流行的太极剑套路是三十二式太极剑，这是 1957 年著名武术家李天骥老先生在杨式太极剑的基础上经过简化整理而编创的剑术套路，除起、收势外共 32 个动作，分为四组，每组 8 个动作。这套太极剑内容精练充实，动作规范，灵活多变，造型优美，似操如舞，易学易练，深受广大太极剑爱好者的喜爱。

三十二式太极剑套路名称如下：

起势。

第一段：（1）并步点剑；（2）独立反刺；（3）仆步横扫；（4）向右平带；（5）向左平带；（6）独立抡劈；（7）退步回抽；（8）独立上刺。

第二段：（1）虚步下截；（2）左弓步刺；（3）转身斜带；（4）缩身斜带；（5）提膝捧剑；（6）跳步平刺；（7）左虚步撩；（8）右弓步撩。

第三段：（1）转身回抽；（2）并步平刺；（3）左弓步拦；（4）右弓步拦；（5）左弓步拦；（6）进步反刺；（7）反身回劈；（8）虚步点剑。

第四段：（1）独立平托；（2）弓步挂劈；（3）虚步抡劈；（4）撤步反击；（5）进步平刺；（6）丁步回抽；（7）旋转平抹；（8）弓步直刺。

收势。

下面分析三十二式太极剑健身动作方法。

（一）起势

动作方法：

（1）两脚开立，两臂下垂，左手持剑，剑尖向上，目视前方。

（2）右手握成剑指，两臂前平举，手心向下。

（3）稍向右转体，屈膝下蹲，然后身体再向左转，左腿迈出成左弓步。左手持剑向左下方搂出，停在左胯旁；同时右手剑指下落转成掌心向上，屈肘上举随转动方向向前指出。

（4）左肘弯曲上提，左手持剑从右手上穿出，右剑指翻转下落撤到右后方，两臂左右平举，向后转体；同时提起右腿向前横落，两腿交叉，屈膝；左脚跟提起，身体下移成半坐盘势；目视右手。

（5）左脚向前成左弓步；同时向左扭转身体，右手剑指随之向前落在剑把之上，做接剑准备。

练习要点：

（1）上体要自然，不要故意挺胸、收腹。

（2）剑身在左臂后不要触及身体。

（3）两肩自然松沉；两臂上起时，不要用力，两手宽度不超过两肩。

（4）剑身在左臂下要平，剑尖不可下垂。

（5）左臂向体前划弧时，身体要先微向右转。

（6）转体、迈步和两臂动作要协调柔和。

（7）两手必须在体前交错分开，右手后撤与身体右转动作要协调。

（8）做动作时应先提腿和向左转头，然后再举右臂向前下落。

（二）第一段

1. 并步点剑

动作方法：

（1）左手食指向中指靠拢，松开右手剑指，虎口对着护手，将剑接换过，并使剑在身体左侧划一立圆，然后剑尖向前下点，剑尖略下垂；右臂要平直。

（2）左手变成剑指，附于右手腕部。

（3）同时右脚向左脚靠拢并齐，脚尖向前，屈膝稍下蹲；目视剑尖。

练习要点：

（1）剑身向前绕环时，两臂不可高举；右手握剑划圆以腕绕环。

（2）点剑时，肩要下沉，上体正直，力达剑尖。

2. 独立反刺

动作方法：

（1）右脚向右后方一步撤退，身体随即向右后方转，左脚收到右脚内侧；同时右手持剑撤至右后方，翻转右腕，剑尖上挑；左剑指随剑回撤，停在右肩膀。

（2）左转体，屈左膝上提成独立式；同时右手上举，使剑经头前上方向前刺出，力达剑尖；左剑指随转体向前指出，目视剑指。

练习要点：

分解动作之间不要间断。

3. 仆步横扫

动作方法：

（1）上体向右后方转，剑向右后方劈下，左剑指落在右手腕。

（2）右膝弯曲成前弓步，左腿向左横落撤步，直膝。

（3）向左转体，左剑指顺左肋反插，向后、向左上方划弧举起到左额前上方；右手持剑翻掌，由下向左上方平扫，力达剑刃中部。

（4）屈右膝成半仆步；重心前移，屈左膝，右脚尖里扣，右腿伸直成左弓步。

练习要点：

（1）动作要连贯完成。

（2）弓步时，身体保持正直。

4. 向右平带

动作方法：

（1）右腿向右前方跨一步，成右弓步姿势。

（2）右手剑向前引伸，然后翻转，向右斜方慢慢将剑回带，屈肘，握剑手带到右肋前方，力达右剑刃；左剑指下落附在右手腕处；目视剑尖。

练习要点：

剑的回带和弓步屈膝动作要一致。

5. 向左平带

动作方法：

（1）右手剑向前引伸，翻掌将剑向左斜方回带，屈肘握剑手带至左肋前方。

（2）左剑指向左上方划弧举起到左额上方。

（3）左脚向左前方迈出成左弓步。

练习要点同上。

6. 独立抡劈

动作方法：

（1）右脚前进到左脚内侧；左剑指落到右手腕部。

（2）向左转体，右手抽剑由前向下、向后划弧，旋臂翻腕上举，向前下方正手立剑劈下。

（3）左剑指从身体左侧向下、向后绕到头部左上方。

（4）右脚向前一步迈出，屈左膝提起成独立步；目视剑尖。

练习要点：

（1）劈剑时，身体和头部先向左转，然后随剑的抡劈方向再转向前方。

（2）提膝和劈剑动作要协调一致。

（3）整个动作过程要连贯不停顿。

7. 退步回抽

动作方法：

（1）左脚向后落下，屈膝，右脚撤回半步，成右虚步。

（2）右手剑回抽，剑面与身体平行；左剑指下落附于剑把上；目视剑尖。

练习要点：

右脚回撤与剑的回抽动作要协调一致，上体要正直。

8. 独立上刺

动作方法：

（1）稍向右转体，右脚向前一步迈出，屈膝提左腿，成独立步。

（2）右手剑向前上方刺出，力达剑尖；左手仍附于右手腕部；目视剑尖。

练习要点：

（1）身体微向前倾，但不要故意挺胸。

（2）独立式要平衡稳定。

（三）第二段

1. 虚步下截

动作方法：

（1）左脚落在左后方，右脚稍稍向后撤，成右虚步。

（2）右手持剑先左转再随右转，经体前向右、向下按，力达剑刃；左剑指从左后方绕行到左额上方；目视右前方。

练习要点：

（1）右脚变虚步与剑向下截动作要协调一致。

（2）如面向南起势，此式虚步方向正东偏北（约30°），上体右转，面向东南。

2. 左弓步刺

动作方法：

（1）右脚向右后方一步撤退，左脚收回后再迈向左前方成左弓步。

（2）右手剑经面前向后向下抽卷，再刺向左前方，力达剑尖。

（3）左手剑指向右、向下落，再向左、向上绕行到左额上方，目视剑尖。

练习要点：

（1）右手回撤时，前臂先外旋再内旋（手心先转向外，再向下，再转向上），从右腰部将剑刺出。

（2）左剑指绕行时，要先落在右手腕部再分开转向头上方；弓步方向为东偏北（约30°）。

3. 转身斜带

动作方法：

（1）重心后移，左脚尖内扣，向右转体，右腿提起与左腿内侧相贴。

（2）右手剑收回横置胸前，左剑指落在右腕处。

（3）上势不停，身体向右后方转，右脚迈向右侧成右弓步。

（4）右手翻腕，掌心向下并向身体右侧外带，力达剑刃外侧，目视剑尖。

练习要点：

（1）身体重心移动，向右侧方迈出做右弓步，须与向右后转的动作一致，力求平稳、协调。

（2）转身斜带弓步方向应转为正西偏北。

4. 缩身斜带

动作方法：

（1）左腿提起再落下，左腿支撑重心，右脚向左脚内侧撤退，脚尖点地。

（2）右手翻掌，手心向上，使剑向左侧回带，力达剑刃外侧；左手剑指向下反插，再向后、向上绕行划弧落在右手腕部。

练习要点：

（1）剑回带时，身体也随着向左扭转。

（2）身体后坐时，臀部不要凸起。

5. 提膝捧剑

动作方法：

（1）右脚后退；左脚微后撤。

（2）两手分开，剑身斜在身体右侧，剑尖在体前，左剑指在身体左侧。

（3）左脚稍前移，右膝提起成独立式。

（4）右手剑把与左手在胸前相合，左手捧托在右手背下，微屈臂，剑在胸前，剑身指向前方；目视前方。

练习要点：

（1）分解动作要连贯不停顿。

（2）独立步左腿自然蹬直，右腿提膝，脚尖下垂；上体保持自然。

6. 跳步平刺

动作方法：

（1）右脚前落地，重心前移，右脚尖用力蹬地，左脚前进一步，右脚靠向左腿。

（2）两手捧剑先回收，然后再直向前伸刺，两手分开撤回身体两侧，左手再变剑指；目视前方。

（3）右脚向前跨出一步成右弓步；同时右手剑向前平刺，力达剑尖；左剑指上举绕到左额上方；目视剑尖。

练习要点：

（1）两手先略回收，再与右脚落地同时向前伸。

（2）左脚落地要与两手回撤动作协调一致。

（3）刺出后，剑要平稳。

7. 左虚步撩

动作方法：

（1）重心移至左腿，向左转体，右脚回收再向前垫步，身体右转，重心移到右腿，左脚前进一步成左虚步。

（2）右手剑经左上方向后、向下立剑向前撩出，力达剑刃前部。

（3）左手剑指下落附于右手腕部，随右手绕转；目视前方。

练习要点：

（1）撩剑的路线必须划一个整圆。

（2）剑指须下落到左肋侧再与右手相合。

8. 右弓步撩

动作方法：

（1）向右转体，剑由上向后绕环，剑指附于右臂内侧。

（2）左脚向前垫步，右脚随之前进成右弓步。

（3）右手剑由下向前立剑撩出，力达剑刃前；剑指绕行到左额上方；目视前方。

练习要点：

（1）剑向后绕环时，身体和眼神随着向后转。

（2）动作要连贯。

（四）第三段

1. 转身回抽

动作方法：

（1）向左转体，向后移重心，右脚尖内扣，左脚尖外展，成侧弓步。

（2）右手收引剑柄到胸前，剑指附于右手腕部。

（3）再向左转体，向左前方劈剑，力达剑刃；目视剑尖。

（4）重心后移，稍屈右膝，左脚撤回成左虚步；同时将剑收到身体右侧；左剑指收回再向前指出；目视剑指。

练习要点：

（1）第一动，向左转体时，要先扣右脚，再展左脚；右臂先屈回胸前再向左劈。

（2）第二动，剑指必须随右手收到腹前，再向上、向前指出。

（3）动作要协调。如果面向南起势，此势方向则为东偏南。

2. 并步平刺

动作方法：

（1）稍向左移左脚，右脚随之靠拢成并步，身体正直。

（2）剑指向左转并向右下方划弧，反转变掌捧托在右手下。

（3）两手捧剑向前平刺，力达剑尖；目视前方。

练习要点：

（1）剑刺出后两臂要微屈，并步和刺剑动作要一致。

（2）身体直立要自然，不要故意挺胸。

（3）如果面向南起势，刺剑的方向为正东。

3. 左弓步拦

动作方法：

（1）右手翻腕后抽向右转动，再经右后方向下、向左前方托起拦出，力达剑刃。

（2）剑指向右、向下、向上绕行，停在左额上方。

（3）向左转体时，左脚向左前方一步迈出，屈膝成左弓步。

练习要点：

（1）身体应随剑先向右转再向左转。

（2）左手剑指随右手绕行，到右上方之后再分开。

4. 右弓步拦

动作方法：

（1）重心后移，左脚尖外撇，先向左转体再向右转体。

（2）右脚向右前方迈出一步成右弓步。

（3）右手剑由左后方划一整圆向右前托起拦出，力达剑刃；左剑指附在右手腕部。

练习要点：

动作连贯，剑须走一大圆；视线随剑移动。

5. 左弓步拦

动作方法：

（1）重心后移，右脚尖外撇，其余动作同上，方向相反。

（2）右手剑拦出时，右臂外旋，手心斜向内；目视剑尖。

练习要点：

动作连贯。

6. 进步反刺

动作方法：

（1）向右转体，右脚向前横落盖步，脚尖外撇；左脚跟提起成半坐盘势。

（2）剑指下落到右腕，向后方立剑刺出，剑指指向前方，两臂伸展；目视剑尖。

（3）向左转体，左脚向前成左弓步；同时屈右臂，剑尖向上挑挂，再向前刺出，力达剑尖；目视剑尖。

练习要点：

（1）动作要连贯。

（2）弓步刺剑时身体不可太前俯。

7. 反身回劈

动作方法：

（1）右腿支撑重心，左脚尖内扣，重心再向左腿移动。

（2）右脚提起收回，向右后方转体，右脚向前成右弓步。

（3）由上向右后方劈剑，力达剑刃。

（4）剑指经左下方转架在左额上方；目视剑尖。

练习要点：

（1）劈剑、转体和迈右脚成弓步动作要协调一致。

（2）弓步和劈剑方向为正西偏北（约30°）。

8. 虚步点剑

动作方法：

（1）向左转体，提起左脚向起势方向垫步，随即右脚置于左脚前成右虚步。

（2）随转体，剑划弧上举向前下方点出，力达剑尖。

（3）剑指下落向上绕行，与右手相合，附在右腕处；目视剑尖。

练习要点：

（1）点剑时，腕部用力，力达剑尖。

（2）点剑与右脚落地动作要协调一致。

（3）虚步和点剑方向与起势方向相同。

（4）身体保持正直。

（五）第四段

1. 独立平托

动作方法：

（1）右脚向左脚左后方倒插步，身体以脚掌为轴右转，提起左膝成右独立步。

（2）剑先向左、向下绕环，然后向右上方托起，力达剑刃上侧；目视前方。

练习要点：

（1）撤右腿时，右脚掌先落地，然后再以脚掌为轴向右转体。

（2）上体不要前俯后仰。

（3）提膝和向上托剑动作要协调一致。

2. 弓步挂劈

动作方法：

（1）左脚向前横落，身体左转，两腿交叉成半坐盘式，右脚跟离地。

（2）右手剑向身体左后方穿挂，剑尖向后；目视剑尖。

（3）右手剑由左侧翻腕向上再向前劈下，力达剑刃；左剑指移到左额上方。

（4）右脚前进成右弓步；目视剑尖。

练习要点：

身体要先左转再右转，视线随剑移动。

3. 虚步抡劈

动作方法：

（1）向后移重心，向右转体，左脚跟抬起，右脚尖外撇，成交叉步。

（2）剑向后反手撩平，左剑指落在右肩前。

（3）左脚向前垫步，向左转体，随即右脚前移成右虚步。

（4）剑由右后翻臂上举再向前劈下，力达剑刃；左剑指向左上划圆再落在右臂内侧；目视前下方。

练习要点：

以上分解动作要连贯，中间不要停顿。

4. 撤步反击

动作方法：

（1）向右转体，提起右脚向右后方撤步，左脚跟外转，伸直左腿成右弓步。

（2）向右后上方斜削击剑，力达剑刃前端。

（3）剑指向左下方分开平展；目视剑尖。

练习要点：

（1）右脚先向后撤，再蹬左脚。

（2）两手分开要与弓腿、转体动作协调一致。

（3）撤步和击剑方向为东北。

5. 进步平刺

动作方法：

（1）向右后方稍转体，提起左脚与右腿内侧相贴。

（2）右手翻掌向下，向右肩前收回剑身；左剑指向上绕行向前落在右肩前。

（3）向左后方转体，左脚垫步，脚尖外撇；右脚向前成右弓步。

（4）剑向前方刺出，力贯剑尖；剑指经体前反插，向后、向左上绕到左额上方；目视剑尖。

练习要点：

左腿提起时要靠近右腿后再转身落步，待左腿稳定后再进右步，上下须协调一致。

6. 丁步回抽

动作方法：

（1）重心后移，右脚移到左脚内侧成右丁步。

（2）右手持剑屈肘回抽，剑把在左肋部，剑面平行于身体，左剑指落在剑把上；目视剑尖。

练习要点：

右脚回收和剑回抽动作要一致，上体须正直。

7. 旋转平抹

动作方法：

（1）两脚成八字形；稍向右转体，右手翻掌向下，剑身横置胸前。

（2）右腿支撑重心，继续向右转体，左脚向右脚前扣步，两脚尖斜相对，然后身体向右后方转，右脚后撤，左脚稍后收成左虚步。

（3）剑由左向右平抹，力达剑刃外侧，变左虚步时，两手左右分开，剑身斜置身体右侧，恢复起势方向；目视前方。

练习要点：

（1）移步转身要平稳自然，不要低头弯腰，速度要均匀。

（2）由"丁步回抽"到"旋转平抹"完成，转体约 360°，身体仍回归起势方向。

8. 弓步直刺

动作方法：

（1）左脚向前迈出半步成左弓步。

（2）立剑直向前刺出，力达剑尖；剑指附在右腕处；目视前方。

练习要点：

弓步、刺剑动作要一致。

（六）收势

（1）重心后移，随即向右转体。

（2）剑向右后方回抽，左手屈肘回收，接握剑的护手。

（3）向左转体，左腿支撑重心，右脚向前迈半步，两脚成左右开立状。

（4）左手接剑反握，下垂于身体左侧；右手变剑指向下、向右后方划弧上举，再向前、向下落于身体右侧；全身保持放松；目视前方。

四、毽球健身方法指导

毽球运动是民间非常流行的一项民族传统体育项目，而且是老年人喜闻乐见的一项休闲娱乐项目。老年人踢毽球有助于提高免疫力，改进身体灵敏度，预防关节僵硬，也有助于增强心肺功能。总之，对老年人的健康非常有益。

毽球发展历史悠久，在不断发展和创新的过程中，踢法也日益丰富。虽然各地的踢法风格不同，名称也不尽相同，但是基本踢法大致相同。下面主要分析毽球运动的一些基本踢法，以指导老年人正确参与毽球运动，提高健康水平。

（一）盘踢

盘踢，是踢毽子入门的基础，即用左右两脚互换踢毽。髋关节和膝关节放松，踝关节发力带动小腿上摆，膝关节向外摆，大腿自内向外翻转，用脚的内侧向上垂直踢起毽子。一般踢起的高度不超过下颌。

练习时，可以先不用毽子，模仿踢毽子的动作做"空踢"练习。练习时，一腿站立，另一腿膝关节外张，大腿翻转至内侧向上抬起，脚尖向前，脚跟与直立腿保持一脚的距离，高度约与直立腿膝关节相同。抬好后，坚持几秒钟再放下，换另一条腿练习。两条腿的动作基本准确、定型后，就可以用毽子练习了。用这种方法可以比较快地掌握入门技术。

（二）磕踢

磕踢，即用两腿膝盖部分互换踢毽子。髋关节、膝关节、踝关节放松，小腿自然下垂，足尖稍指地，膝关节发力，带动大腿上摆，将毽子顶起，高度一般不超过下颌。

练习时，双肘放于腰间，掌心向下，前臂前伸，同上臂成90°夹角不动。用"空踢"的方法进行练习，膝关节发力，用膝盖部位撞击双手发出声响，很像用手击打膝盖的声音（但绝不是击打）。如果声音不像，就是动作错误，原因是膝关节、髋关节没有放松，小腿没有自然下垂，造成膝关节发力受到限制，此时需要及时调整动作。声音相像后，再使用毽子进行练习就容易多了。

（三）拐踢

拐踢，即用两脚外侧互换踢毽子。髋关节、膝关节放松自然下垂，勾脚尖，踝关节发力带动小腿，向体侧后上方摆动，踢毽的瞬间，踢毽脚的脚内侧应平行于地面，高度约为30厘米，踢起的毽子一般与肩膀平齐。

练习时，先采用"空踢"的方法进行练习，动作基本准确后，再用"一踢一接"的方法练习，即用手将毽子在体侧抛起，高度约与肩部平齐，用拐踢将毽子踢起，用手将毽子接住，再抛、再踢、再接（这种方法适用于各种踢法的练习）。动作基本准确后，改为两踢一接、三踢一接……熟练后不再用手接毽子，而是进行双腿互换的练习，次数越多越好。

（四）绷踢

绷踢，即用脚尖外三趾部分互换踢毽子（其他部位踢出的毽子不稳，并且容易砸脚），髋关节、膝关节、踝关节放松，大腿向前抬起，身体成

150°～160°夹角。踢毽时，脚尖外三趾部位与脚跟同时发力，使脚尖外三趾向上发力时带动全脚向上勾起。两脚跟发力带动小腿向前摆出，大腿保持原角度，将毽子踢起，高低均可。练习时，先用"空踢"的方法进行练习，动作准确后再用"一踢一接"的方法练习。

（五）后踢

预备时两脚自然站立，体前将毽子由头上向后抛起，当毽子下落到适当高度时，上体后仰并抬头，同时左腿支撑，右腿迅速向后上方摆起，用脚后跟或脚底凭感觉判断将毽子经头上向前踢出。也可根据来毽方向，通过脚下移动来调整位置，对准毽子将它踢出。

在练习各种踢法时，可以和同伴结合一定的游戏来进行练习，这样可以增加练习的趣味性，也可以建立良好的人际关系。

第四节　女性瑜伽运动健身方法指导

瑜伽起源于印度，是一种非常古老的修身养心方法。瑜伽动作缓慢优雅，讲求身心平衡，近年来引领了世界健康新风潮，走在时尚的最前沿，吸引了众多的女性参与。瑜伽充满神秘色彩，使人静感修身养性，让人在繁忙的生活中放慢脚步，体验身体与心灵的奥秘。瑜伽在雕塑外在形象的同时，给人一种源于内心的力量。这些独特的魅力使瑜伽成为女性热衷参与的一个体育项目。本节主要对瑜伽基本坐姿和基本体位动作方法进行分析。

一、瑜伽基本坐姿

（一）简易坐

以直腿并腿坐为预备姿势，坐在垫子上，两腿向前伸直，右腿弯曲，右脚放在左大腿下，左腿弯曲，左脚放在右大腿下；双手放在两膝上，头、颈和躯干保持在一条直线上。

（二）莲花坐

坐在垫子上，双手抓住左脚，将其放于右大腿上，脚跟放在肚脐区域下方，左脚底板朝天；双手抓住右脚，扳过左小腿上方，放在左大腿上，把右脚跟放在肚脐区域下方，右脚板底也朝天。脊柱要保持挺直，尝试努力保持两膝贴在地上，尽量长久地保持这个姿势，交换两腿位置，重复练习。

（三）半莲花坐

以直腿并腿坐为预备姿势，坐在垫子上，两腿向前伸直，弯起右小腿并让右脚板底顶紧左小腿内侧，弯起左小腿并把左脚放在右大腿上面。尽量使头、颈和躯干保持在一条直线上，以这个姿势坐直至感到极不舒服，然后两腿交换位置，继续练习。

（四）雷电坐

以直腿并腿坐为预备姿势，两膝跪地，两小腿胫骨和两脚背平放地面，两脚靠拢。两个大脚趾互相交叉，使两脚跟向外指，背挺直，臀部落在两脚内侧（脚跟间）。

（五）至善坐

以直腿并腿坐为预备姿势，左腿弯曲，右手捉住左脚使左脚跟顶住会阴，左脚掌紧靠右大腿；右腿弯曲，将右脚放于左脚踝上；右脚跟靠紧耻骨，右脚板底放在左腿的大腿与小腿之间；背、颈、头部保持挺直。闭上双眼，内视鼻尖处，保持几分钟之后两腿交换位置。

（六）吉祥坐

以直腿并腿坐为预备姿势，左腿弯曲，左脚板顶住右大腿；右腿弯曲，右脚放在左大腿和左小腿之间；两脚脚趾应该楔入另一腿的大腿和小腿之间；两手放在两腿之间的空位处或是两膝上，头、颈和躯干保持在一条直线上。

二、瑜伽体位动作

（一）蹲式

（1）直立，两脚分开。

（2）两手十指相交，两臂自然下垂。

（3）两膝弯曲，身体慢慢降低。

（4）降低约 0.3 米之后，腿伸直，恢复挺身直立姿势。

（5）再次屈膝，身体下降比第一次略低一些。

（6）两腿伸直，恢复挺身直立的姿势。

（7）再次屈膝，身体降低到两大腿与地面平行。

（8）恢复挺身直立姿势。

（9）身体降低到两手略高于地面。

（10）恢复挺身直立姿势，放松休息。

低身时呼气，起身时吸气，重复 6～12 次。

（二）虎式

（1）跪姿，臀部坐在脚跟上，脊柱伸直。
（2）两手放在地上，抬臀，做爬行姿势。
（3）两眼直视前方，吸气，把右腿向后伸展。
（4）蓄气不呼，右腿屈膝，膝指向头部。
（5）两眼向上凝视，保持几秒。
（6）呼气，屈膝腿放回髋部下面，靠近胸部。
（7）保持脚趾略高于地面，两眼向下看，用鼻子擦膝部。
（8）脊柱应弯成拱形。
（9）右腿向后方伸展，重做该动作。

两侧腿各做 6 次。

（三）树式

（1）站姿，双脚并拢，挺身直立，手心相对合掌于胸前。
（2）重心落在右腿，膝伸直，腿部收紧。
（3）吸气，同时左脚放于右小腿内侧；左膝向外展开，双手合掌于胸前，眼睛看着前方一个固定点，注意力集中，保持平衡；把左脚放在右大腿内侧，腿部收紧，保持平衡。
（4）随着吸气，双手于头顶上方合掌。腹部稍稍往里收，腰部挺直；整个身体要有向上的力量，保持平衡；持续 30～60 秒，均匀呼吸。
（5）呼气，双手慢慢放回胸前，同时脚放回地面。

两侧交替进行，重复练习 3 次。

（四）直角式

（1）挺身直立，两脚靠拢，两臂在体侧下垂。
（2）两手十指相交紧握，高举过头。
（3）抬头，两眼注视相握的双手。
（4）呼气，以脊柱基座作为支点，向前俯身，直到背部和腿形成一个直角。
（5）在此期间两眼注视双手。
（6）正常呼吸，保持 6～12 秒。
（7）恢复直立姿势，目视两手。

重复 12 次。

（五）船式

（1）仰卧，双脚并拢，两臂平放在身体两侧。

（2）吸气，上身、双脚与两臂向上抬起，以脊椎骨作为支点臀部着地，使身体保持平衡。

（3）锁紧脚跟，双脚以 45°角撑展蹬直，躯干与双脚形成"V"形。两手向前伸直，并指向脚尖方向。挺直腰背和胸膛，双脚并拢夹紧。屏息保持该姿势 5 秒。

（4）吐气，身体慢慢放回地面，调整呼吸，全身放松。

（六）叩首式

（1）跪坐，臀部放在两脚脚跟上，两手放在两大腿上，脊柱挺直。

（2）两手滑动到小腿腿肚包，抓着腿肚包。

（3）呼气，上身向前弯曲，把前额贴在地板上。

（4）臀部抬起，让头顶落地，两腿垂直地面。

（5）正常呼吸，保持 10～15 秒。

（6）恢复跪坐姿势。

重复 10 次。

（七）花环式

（1）挺身直立，两脚靠拢，蹲下。两脚应平放在地面上。

（2）臀部抬离地面，两臂伸出保持平衡。

（3）脚并拢，腿分开，上身前倾。

（4）用腋窝盖住两膝内侧，两手抓两脚踝的背后，头垂于地面。

（5）正常呼吸，保持 20 秒。

（6）吸气，抬头，两手放开两脚踝，休息。

（八）前伸展式

（1）坐在垫子上，两腿向前伸直。

（2）上身后仰，同时两手移向两髋的后方，十指指向两脚。

（3）屈膝，两腿平放在地面上。

（4）呼气，轻柔地抬起臀部。

（5）两脚移向前边，从屈膝变成伸直。

（6）两臂垂于地面，身体重量落在两臂、两脚之上。

（7）头抬起或垂下。

（8）正常呼吸，保持 10～30 秒。

（9）呼气，身体慢慢恢复起始姿势。

（10）休息。

（九）腿旋转式

（1）仰卧，两腿伸直。

（2）两臂放在体侧。

（3）右腿抬离地面，膝伸直，右腿顺时针旋转。

（4）头部和身体其余部位继续平贴地面。

（5）旋转 8～10 次后停止，再逆时针旋转 8～10 次。

（6）左腿做同样的练习。

（7）休息几秒，两腿同时抬起，顺时针、逆时针各转 8～10 次。

（8）休息，恢复正常呼吸。

（十）顶峰式

（1）跪姿，臀部放在两脚跟上，脊柱挺直。

（2）两手放在地上，抬高臀部，两手、两膝着地成跪姿。

（3）吸气，两腿伸直，臀部抬得更高。

（4）双臂和背部成一条直线，头处于两臂之间。整个身体像一个三角形。

（5）正常呼吸，保持 1 分钟。

（6）呼气，恢复跪姿。

重复 6 次。

（十一）蝴蝶式

（1）自然坐下，两脚底互相合拢，整个练习过程中两手相合，抱着脚趾以保持两脚合拢。两脚跟逐步收合，尽可能移向两腿分叉处。

（2）身体前倾，两肘用力推压双膝着地。

（3）保持 30 秒到 1 分钟。

（十二）骆驼式

（1）跪姿，两大腿与双脚略分开。脚趾指向后侧。

（2）吸气，两手放在两髋部，脊柱向后弯曲，大腿肌肉伸展。

（3）呼气，同时两手放在脚掌上。保持两大腿垂直于地面，头向后仰，用手掌压脚掌，将脊柱向大腿方向推。

（4）颈向后伸展，臀部肌肉收缩，下脊柱伸展。

（5）保持 30 秒，两手放回双髋部位，恢复预备姿势。

（6）坐下休息。

（十三）腰转动式

（1）直立，两脚分开约 50 厘米。

（2）十指相交，吸气，两臂高举过头。

（3）转动手腕，掌心向上。

（4）呼气，向前俯身，至两腿和背部成 90°角。

（5）目视双手，上身尽量转向右方，吸气。

（6）上身尽量转向左方，呼气。

（7）上体左右转动重复 4 次，然后还原中心位置，恢复直立姿势。

（8）手臂放下，两手放开。

重复练习。

（十四）蛇扭动式

（1）俯卧，手掌平放在胸两侧地面上。

（2）吸气，伸展手臂，抬起身体。

（3）头转向右方，目视左脚。

（4）保持几秒钟，头向左转，目视右脚。

（十五）三角伸展式

（1）直立，两腿伸直，两脚分开；脚尖稍向外。

（2）两臂向两侧平伸，与地面平行。

（3）呼气，慢慢向右弯腰，保持两臂与躯干成 90°角。

（4）向右侧弯腰时，避免腰部以上向前弯曲。

（5）腰部尽量向一侧弯曲，保持 10 秒，自然呼吸。

（6）慢慢恢复基本三角式。向左边做同样的动作。

（7）慢慢恢复开始时的姿势。

每边各做 5 次。

（十六）三角转动式

（1）先做"基本三角式"姿势，深吸气。

（2）两腿伸直，右脚向右转 90°，左脚向右转约 60°。

（3）呼气，手臂伸直，上身转向右方，让左手在右脚外缘触地。

（4）右臂向上伸展，与左臂成一条直线。

（5）保持约 30 秒。目视右手指尖，肩及肩胛骨充分伸展。

（6）吸气，慢慢将双手、躯干、两脚先恢复至原来的伸展状态，再恢复至基本站立式。

（7）吸气，向左做同样的伸展姿势。

第五节　社区广场舞健身方法指导

广场舞是近年来十分流行的一种民间有氧健身操，是居民在广场、公园等开阔露天场地自发组织的一种富有韵律的健身舞蹈。广场舞以徒手健身舞蹈为主，有时也会用到一些简单的轻器械，居民徒手或手持轻器械在节奏感较强的音乐伴奏下集体舞动，场面颇为壮观。跳广场舞已经成为我国城乡中一种流行的社会现象，参与者以中老年人居多。广场舞参与强度低、密度大、运动量灵活，具有强身健体、愉悦身心、娱乐休闲、医疗保健等功效。

一、广场舞基本步伐学习

（一）踏步与移重心

1.踏步（1拍）

两腿原地先后抬起、先后落地。

2.移重心（2拍）

一脚向前/侧迈一步，落地时两膝弯曲随之身体重心移到另一腿上，两膝伸直，另一脚尖/脚跟点地。

（二）走步与并步

1.走步（1拍）

迈步向前走或向后退。

2.并步（2拍）

一脚迈出，另一脚随之并拢屈膝点地，再向反方向迈步。

（三）垫步与曼波步

1.垫步（2拍）

一脚向前/后/侧迈出，另一脚跟上，接着前一脚再向侧或向前/后迈出。

2. 曼波步（2 拍）

一脚向前迈出，屈膝，重心随之前移，另一脚稍抬起、落下；或者一脚后退一步，重心后移，另一脚稍抬起、落下。

（四）交换步与侧交叉步

1. 交换步（2 拍）

一脚向前 / 后迈出，另一脚跟上，交换重心，随之前脚前进或后退。

2. 侧交叉步（4 拍）

一脚向侧迈出，另一脚在其后交叉，随之再向侧迈一步，另一脚跟上并拢，屈膝点地。

二、广场舞基本舞步学习

（一）旁点踏

（1）两手叉腰，两腿并拢伸直，脚跟相抵，脚尖稍分开，左脚向左迈一步。

（2）两腿分开，右腿屈膝上提，脚尖勾起，向右稍转体，然后向右迈一步，右腿伸出，脚尖点地。

（3）上体不动，右腿收回，脚尖勾起，还原，两脚分开。

（4）左脚脚尖勾起，然后向左迈一步，脚面绷直，脚尖点地。上体稍左转。

（5）左脚还原，两腿屈膝，右脚脚尖稍外展。

（二）两步平踏

（1）身体直立，双手叉腰，两腿并拢，脚尖打开，脚跟相抵。

（2）右腿屈膝上提，右脚脚尖勾起，重心在左脚，左脚重复此动作。

（3）两脚交替做以上动作，重心在两脚间转移，身体始终保持平衡。重复 4 次，每侧脚各 2 次。

（三）吸点步

（1）双手叉腰，两腿并拢，脚尖打开，脚跟相抵。

（2）向左侧屈膝，右脚稍提脚跟，头与上体向左扭，目视左前方。

（3）屈膝深蹲，左脚支撑重心，右脚脚跟继续上提，脚尖撑地。

（4）右腿提起至膝关节成直角，右脚与左腿内侧紧贴，脚掌朝后。

（5）右脚在左脚前落地，脚面绷直，脚尖点地，身体向左扭转。

（6）右脚收回，上身和头转正。

（7）反方向重复以上动作。

（四）三步趋步

（1）身体直立，双手叉腰，两腿并拢，右脚向左脚前迈步点地。

（2）左脚向前垫步，脚尖点地，左脚依然在右脚后。

（3）左脚并向右脚。

（4）身体稍向右转。

（5）右脚迈向右前方。

（6）左脚向前垫步，脚尖点地，左脚在右脚后侧。

（7）左脚迈向右前方，脚尖点地，左脚在右脚前。

（8）右脚向前垫步，脚尖点地，右脚在左脚后侧。

（9）左脚向前垫步，脚尖点地，左脚在右脚前。

（10）右脚并左脚，两腿伸展并拢。

（11）身体和头转正，恢复准备姿势。

三、广场舞舞步组合健身指导

（一）8步组合

（1）自然直立，两手叉腰，两肩齐平，两腿并拢，脚跟相抵，脚尖分开。

（2）右脚向右迈步，脚尖点地，上体顺势稍向右转，头稍向左转，目视左前方。

（3）两腿屈膝下蹲，右腿横向屈膝，左腿向前屈膝。

（4）腿伸直，左脚向左侧迈步，脚尖点地，上体稍向左倾，头稍向左转。

（5）屈膝下蹲，上体姿势不变。

（6）两腿伸直，右脚脚尖点地，向左前方顶胯，身体稍后仰，适当抬头，目视左前上方。

（7）右腿向左脚前方迈步，脚尖外展，左脚脚尖点地。

（8）左脚向左前方迈步，向前顶胯，右脚脚尖点地。

（9）右脚并向左脚，脚跟相抵，屈膝半蹲，膝盖外展，上体稍向右转，含胸。

（10）两腿伸直、并拢，双手叉腰。

（11）身体和头转正，恢复准备姿势。

（二）16 步组合

（1）身体直立，双手叉腰，两腿并拢，脚跟相抵，脚尖分离。

（2）身体左转 90°，右腿向后伸展，脚尖点地。

（3）右脚前移半步，左脚同时向前移动。

（4）身体继续向左转 90°，右脚向左脚前方迈一步，左脚脚尖点地。

（5）左脚向前移半步，右脚同时向前移。

（6）身体向左转 90°，左脚向右前方迈出，右脚脚尖点地。

（7）右脚向前移半步，左脚同时前移。

（8）上体继续左转 90°，右脚向左前方迈出，左脚脚尖点地。

（9）左脚向前移半步，右脚同时前移。

（10）右脚向右前方大步迈出，脚尖点地。

（11）右脚收回与左脚并拢，身体直立。

（12）左脚向左大步迈出。

（13）右脚并向左脚。

（14）左脚再向左大步迈出，脚尖点地。

（15）左脚收回并向右脚。

（16）左脚再向左大步迈出，脚尖点地。

（17）左脚再收回并向右脚。

（18）身体、头正直，双手叉腰，两腿并拢，恢复准备姿势。

（三）32 步组合

下面所描述的 32 步组合动作是脚步动作加手臂动作的完整组合。

（1）两臂落在体侧，两脚并拢，脚跟相抵，脚尖分离。左脚迈向右前方，在右脚前交叉，右脚提脚跟，脚尖点地，上体稍向右前方转，向左扭头。左臂在身体左侧平伸，右臂前伸。

（2）右脚向左前方迈一步，超过左脚，上体向左前方扭转，手臂姿势与上面相反。

（3）左脚向左后方向退步，脚尖点地，身体稍向右前方扭转；手臂姿势同（1）。

（4）右脚向右后方向退步，身体向左侧前方稍转，头顺势扭动；手臂姿势同（2）。

（5）原地踏步，左腿屈膝上提、下落，右臂屈肘上抬，手指朝上，左臂落于体侧。

（6）右腿屈膝上提、下落，左臂屈肘上抬，手指朝上，右臂落于体侧。

（7）左腿屈膝上提、下落，右臂屈肘上抬，手指朝上，左臂落于体侧。

（8）右腿屈膝上提、下落，左臂屈肘上抬，手指朝上，右臂落于体侧。

（9）两腿屈膝，稍向下蹲，两臂从右向左甩动，重心在两腿之间。

（10）手臂向左上方甩，上体左转，重心置于左脚，右腿斜伸直。

（11）原地踏步，右膝弯曲上提、下落伸直。

（12）左腿屈膝上提、下落伸直。

（13）屈膝稍蹲，两臂从左向右甩动，重心在两脚之间。

（14）向右上方甩臂，身体右转，右膝弯曲，支撑身体重心，左腿侧伸展。

（15）原地踏步，左腿屈膝上提、下落伸直。

（16）右腿屈膝上提、下落伸直。

（17）左脚迈向右前方，超过右脚，右脚提脚跟，脚尖点地，上体稍左转，左臂向体侧平伸，右臂前伸。

（18）右脚迈向左前方，超过左脚，上身向右侧转；手臂姿势与（17）相反。

（19）左脚向左后方退步，脚尖点地，身体向左侧转；手臂姿势同（17）。

（20）右脚向右后方退步，上体右转，头向右扭转；手臂姿势与（17）相反。

（21）左脚迈向右前方，超过右脚，右脚提脚跟，脚尖点地，上体左转，同时头向左转。左臂在体侧伸直，右臂前伸。

（22）右脚迈向左前方，超过左脚，上身向右扭转；手臂姿势与（21）相反。

（23）左脚向左后方退步，脚尖点地，身体向左转；手臂姿势同（21）。

（24）右脚向右后方退步，上身向右侧转，头顺势右转；手臂姿势与（21）相反。

（25）身体向后转180°，左脚大步退向左后方，右腿伸直；手臂向左后上方摆动。

（26）手臂落于体侧，右脚退回并向左脚。

（27）左腿屈膝上提、落下伸直，右臂屈肘上提，手指向上，左臂落在体侧。

（28）右腿屈膝上提、落下伸直，左臂屈肘上提，手指向上，右臂落在体侧。

（29）身体向后转180°，左脚大步退向左后方，右脚伸直，手臂向右后上方同时摆动。

（30）两臂自然下落，右脚后退并向左脚。

（31）左腿屈膝上提、落下伸直，右臂屈肘上提，手指向上，左臂落在体侧。

（32）右腿屈膝上提、落下伸直，左臂屈肘上提，手指向上，右臂落在体侧。

（33）左臂落在体侧，还原准备姿势。

四、广场舞成套动作健身示例——《走进新时代》

（一）连续两次并步（1×8拍）

1.下肢动作

1～4拍，向右侧两次并步。

5～8拍，向左侧两次并步。

2.上肢动作

一臂贴在后背部；另一臂水平摆至侧举，掌心向上。

（二）前后点地（1×8拍）

1.下肢动作

右脚、左脚前后各点地1次。

2.上肢动作

手臂六位手摆，掌心向下。

（三）连续两次并步（1×8拍）

1.下肢动作

连续两次并步（1×8拍）。

2.上肢动作

手臂做太极野马分鬃状，一臂往下按，掌心向下；另一臂侧打开，掌心斜向上。

（四）进/退步＋垫步（1×8拍）

1.下肢动作

1拍，右脚向前一步，重心移到右脚。

2拍，左脚原地踏步，重心移到左脚。

3 拍，右脚后退一步，重心移至右脚。

4 拍，左脚原地踏步，重心不变。

5 拍，左脚后退一步，重心移到左脚。

6 拍，右脚原地踏步，重心移到右脚。

7-da-8 拍，左脚向前垫步 1 次。

2. 上肢动作

1～4 拍，右臂经前向后绕环落下。

5～6 拍，左臂经前向后绕环落下。

7-da-8 拍，两臂经一位手到二位手。

（五）移重心＋原地恰恰步（1×8 拍）

1. 下肢动作

1 拍，向右移一步，重心置于右脚。

2 拍，向左移一步，重心移到左脚。

3-da-4 拍，原地恰恰步（踏步 3 次，右左右）。

5～8 拍，同 1～4 拍，方向相反。

2. 上肢动作

1～2 拍，右臂侧摆，掌心向下。

3-da-4 拍，右臂从体侧经前至左向上绕环 1 周还原于体侧。

5～8 拍，同 1～4 拍，方向相反。

（六）原地顶胯动作（1×8 拍）

1. 下肢动作

右脚侧点地 4 次，同时顶右胯 4 次，每次左转 90°。

2. 上肢动作

左臂在上的五位手，双手向内绕腕 4 次。

（七）六步曼波步＋垫步（1×8 拍）

1. 下肢动作

1～2 拍，右脚向左前曼波步。

3～4 拍，右脚还原，左脚向右前曼波步。

5～6 拍，左脚还原并向右脚。

7-da-8 拍，右脚在前恰恰步，面向第七方位。

2.上肢动作

双手叉腰。

（八）曼波步转体 180°（1×8 拍）

1.下肢动作

1～2 拍，左脚向前曼波步，转体 180°。

3-da-4 拍，面向第三方位做左脚在前的垫步 1 次。

5～6 拍，右脚向前曼波步，转体 180°。

7～8 拍，踏步并脚。

2.上肢动作

双手叉腰。

（九）过门动作（4×8 拍）

1.前进步 + 交换步

1 拍，右脚向前上步，面向第七方位。

2 拍，左脚向前进步。

3 拍，右脚在左脚后交叉上步，同时转体 180°，面向第三方位。

da，左脚原地动一下。

4 拍，右脚向前一步。

5～8 拍，同 1～4 拍，反向，面向第三方位，转向第七方位。

2.曼波步转体 + 垫步

1 拍，右脚向 1 方位上步。

2 拍，左脚向前上步，同时转体 180°，面向第五方位。

3-da-4 拍，右脚在前的垫步 1 次。

5～8 拍，同 1～4 拍，反向。

3.进退步 + 前后移重心

1～2 拍，从右脚开始向前走 2 步。

3-da-4 拍，右脚向前上步，左脚原地动一下，右脚后退一步。

5～6 拍，从左脚开始后退 2 步。

7-da-8 拍，左脚后退一步，右脚原地动一下，左脚前进一步。

4. 上步侧点地 + 踏步

1 拍，右脚上一步。

2 拍，左脚侧点地。

3～4 拍，同 1～2 拍，反向。

5～8 拍，右脚开始踏步 4 次。

7～8 拍时，向右转 90°，面向第三方位。

上述成套动作中提到的方位是舞蹈基本方位术语。舞蹈共有八个方位——1～8 点，这是用来规范舞者面向、走向的专业术语。如图 6-1 所示，场地正前方为第一方位，即 1 点；右前、右旁、右后分别为第二、三、四方位，即 2 点、3 点、4 点；正后为第五方位，即 5 点；左后、左旁、左前分别为第六、七、八方位，即 6 点、7 点、8 点。了解舞蹈的这些基本方位术语，便于我们更好地学习广场舞。

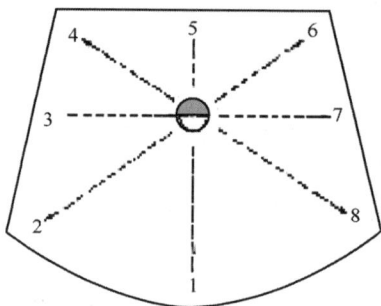

图 6-1　舞蹈方位

第七章　不同社会群体的运动健身指导研究

大众在参与体育运动健身的过程中，往往都会贯彻基本的健身原则，遵循基本的健身要求，采用基本的健身方法，这是比较相似的。但不同社会群体因为性别、年龄、社会阶层、职业特征以及体质状况等的不同，在运动健身中应该设计不同的运动处方，突出运动健身的针对性、个性化，从而提高不同群体的运动健身效果，最终促进全民健康。本章着重对不同社会群体的运动健身方法与要点进行研究，从而为各类群体参与健身活动提供科学有效的指导。

第一节　不同年龄群体的运动健身指导

一、少儿运动健身指导

少儿处于成长发育的关键期，在这个成长阶段参与体育运动能有效促进身体发育。为少儿安排运动内容、运动形式、运动量以及运动强度时，应主要考虑是否对少儿的生长发育有利，要注重培养少儿的体育运动兴趣和习惯。此外，还要抓住少儿时期各项身体素质发展的敏感期，在这个阶段加强身体素质锻炼，全面提升其各项身体素质。

（一）少儿的运动内容

少儿参加体育健身运动时要注意内容的多样化，并根据自身爱好、身体条件和家庭条件选择所要参加的项目，参加体育运动主要以增强体质为目的，跑、跳、投、游泳、球类、体操、武术等形式多样的体育活动都适合少儿参加，在运动内容上没有太多限制。

在少儿运动健身过程中，要注意培养其良好的站、立、跑、跳等身体姿势，当发现他们身体姿势错误或发育有缺陷时，要指导其进行矫正和克服发育缺陷的练习。发育异常或有健康问题的少儿可以视情况减免体育活动，并有针对性地采取医疗体操的运动方式来促进其康复。

（二）少儿的运动形式

少儿神经系统工作中兴奋过程占优势并容易扩散，主要表现为活泼好动，不易集中注意力。因此，少儿在体育运动锻炼中不易持续太长时间，要采取多种形式的体育活动来进行锻炼，同时避免运动项目的单一性，在更换体育项目的过程中要有适当的间歇，家长或教师主要采用直观的示范性手段引导和组织少儿参与运动健身，在运动过程中培养他们的思维与分析能力。

随着少儿年龄的增长，其神经系统的抑制过程逐渐发展，最后兴奋和抑制达到均衡，这时可以指导少儿参加一些能够培养抽象思维的体育活动。

（三）少儿运动量的安排

少儿的每搏输出量和每分输出量与成年人相比绝对值要小，但相对值大——年龄越小，相对值越大。这说明少儿的心脏机能水平能够支持其适应短时期紧张的体育活动。13～14岁以后，儿童的心血管系统机能渐渐接近成人，可以承受较大的运动量，但也要贯彻循序渐进和个别对待的原则去增加运动量。

同一年龄段的少儿，个子高低也会影响运动量的大小，个子高大的少儿，心脏发育较为迟缓，心脏的负担量相对较大，不宜参加大运动量的体育活动，因此在运动量的安排中应区别对待。

（四）少儿的运动强度

12岁以下的少儿参与体育运动健身时，运动强度要小一些，运动时间不宜过长；12岁以上的少儿，可逐渐增加运动强度，但运动密度要小，间歇时间应长一些。不宜过多安排负荷过大的力量性练习和消耗过大的耐力性练习。

在少儿运动健身中，多根据心率控制运动强度：120次/分钟以下为小强度；120～150次/分钟为中强度；150～180次/分钟为大强度；180次/分钟以上为超大强度。

需要注意的是，少儿肌肉易疲劳，但恢复较快，因此运动频率较高，一周以4～5次为宜。

二、青壮年运动健身指导

青壮年一般指的是18～35岁的成年人。一般将18周岁作为成人的一个标志，18周岁以后，身体正常的生长发育基本已经完成，尤其是身体形态结构的发育基本结束，此时性发育渐渐成熟。

在人的一生中，体格最健壮的时期当属青壮年时期。青年人身体素质的发展几乎达到了一生中最高水平，身体条件足以支撑其参加各种竞技体育运动，因此这一阶段可以比较自由地、没有限制地参加各种体育运动，对健身活动内容和形式的选择空间很大。

青壮年身体条件良好，因此在参加体育健身锻炼方面有很大的自由度，在健身锻炼中可参考以下两条建议。

（一）参加竞技性运动

青壮年可以根据自己的身体条件适当地多参加一些有较强竞技性的体育运动，从而锻炼自己的身心承受力和环境适应力。

青壮年的脏器功能、身体系统机能基本都处于人生中的最佳状态，拥有这样的身体条件，可以适当多参加篮球、足球这样的强竞技体育项目，这对于身体素质的进一步发展、心理素质的进一步完善具有重要意义。良好的身心素质条件有助于青壮年在学习、工作中形成较强的竞争力、适应力和开拓创新能力，这对他们学业、事业的发展都有很大帮助。

（二）参与娱乐性运动

青壮年还应该通过参加一些休闲娱乐运动，在轻松高雅的休闲娱乐活动中结交志同道合的朋友，锻炼和提高自己的社交能力以及对充满激烈竞争的社会环境的适应能力。

社交能力对青壮年来说至关重要，是他们在择业、创业、恋爱、婚姻等方面有顺利进展和获得成功的必备能力。休闲娱乐体育活动有助于培养青壮年的社交能力。比如，参加台球、交际舞这样的休闲娱乐健身运动，不但有益身心健康，还能建立良好的人际关系，锻炼社交能力，最终达到身心、社交、人格等全面健康状态。

三、中年人运动健身指导

（一）中年人参加健身运动的偏好

人步入中年后，身体机能逐渐下降，运动观念也发生变化，与青年时期追求刺激、时尚相比，这一时期更倾向于科学的健康理念和追求运动健身的品质，更注重体育的内涵和体育运动健身的养生价值。中年人偏爱散步、慢跑、自行车骑游、爬山、游泳、跳操等有氧运动和对体能要求较低的小型运动。此外，对象棋、垂钓等修身养性和愉悦身心的非运动性体育项目也感兴趣。

从中年时期开始，人的运动能力和运动素质会不断下降，以健身、娱乐为目的的休闲体育运动与中年人的身体特点相适应，因此，健身健美类、娱乐类等运动项目受到了广大中年人的喜爱。

中年人经过多年的奋斗，比青年时期的经济条件更好，这也使其体育运动观、健身观发生了一些改变，中年人的体育健身一般有高档次消费的特点，如去高档体育俱乐部健身，参与高尔夫球、保龄球、网球等具有高品质的健身项目。

（二）中年人运动健身指导

中年人参与体育运动健身，要注意以下几个要点。

1. 科学安排运动负荷

中年人要根据自己的健康状况和运动经历等情况合理安排运动量，并逐渐加大，每周增幅不宜超过 10%。为防止因肌肉骤然紧张而发生运动损伤，要避免突然进行剧烈运动。从心率方面来说，中年人运动时心率最低应达到 110 次 / 分钟，但最高不要超过 160 次 / 分钟。

2. 坚持不懈

在运动健身过程中，准备活动和整理活动必不可少，每次健身时应先做 5～10 分钟的准备活动（如静力性伸展运动，加强腹部、髋部和腿部力量的运动），运动结束后再进行 5～10 分钟的整理活动（多采用静力性伸展运动，以促进恢复）。运动频率为每周至少 3 次，只有坚持不懈才能达到良好的保健效果。

3. 将健身锻炼融入生活与工作中

很多中年人工作繁忙，生活负担重，休闲时间不固定，锻炼的时间也少，不易形成稳定的健身习惯，因此，需要将健身锻炼融入日常生活和工作中，在平时做一些简易的健身练习。

例如，在睡前和起床后做一些基础的健身练习动作，如仰卧起坐、仰卧举腿、俯卧撑等。上下班时如果路途不远，可以用快步走、骑车代替乘坐交通工具，用步行上下楼梯代替坐电梯。

在工作间隙也可以做简单的健身体操、负重练习、办公室瑜伽等，或者做一些与工作性质、特征有关的健身练习，为提高工作效率奠定基础。

四、老年人运动健身指导

（一）老年人身体情况与运动健身

人步入老年后，身体脏器、各个系统都会发生明显的变化，有些是机能性的变化，有些是器质性的变化，这些变化容易增加老年人发生疾病的概率，尤其是增加心血管系统疾病的发病概率。老年人应该坚持参加一些有疾病防治功效的有氧运动，从而达到健身的目的。

老年人的肌肉力量远不如中青年时期，下肢肌肉力量的退化尤为明显，这严重影响了老年人的体质健康和生活质量。而健身走跑、广场舞等适宜的健身运动对改善老年人的骨骼系统机能、维持肌肉组织的良好状态等方面具有重要意义。

（二）老年人运动健身指导

1.参加有组织的体育运动

老年人怕孤独和寂寞，有与外界交往的心理需求，希望被关注和重视，参加一些有组织性的体育运动能够满足老年人的这一心理需求。

无论是从社会学角度看，还是从心理学角度看，有一定组织形式的体育活动比单独参加的体育活动对老年人更有帮助。结合老年人不甘孤独的心理特点，社区应多组织一些适合老年人的体育活动，动员老年人集体参与，鼓励老年人加入适合自己的体育兴趣小组或体育锻炼团体。老年人在有组织性的群体活动中既能锻炼身体，又能与同龄人交流，彼此间相互支持、帮助、鼓励，容易形成良好的锻炼习惯。

2.运动内容、方法简单一些，持之以恒

老年人参加体育健身活动，因为受身体条件的限制，不需要对运动技术水平和技巧难度有太高的追求，也不适合参加有风险的猎奇类体育活动和动作剧烈的竞技性运动。无论是体育健身内容还是方法，都宜简单一些。

老年人尽可能参加一些对场地器材没有特殊要求的简易性体育活动，这样参加体育锻炼就不会有场地和空间的限制，在社区公园、广场、庭院等随时随地都可以锻炼。

老年人体育健身锻炼应以强身健体为主要目标，并且在体育锻炼中贵在持之以恒，养成良好的习惯，使身体锻炼的良好效果保持得久一些。

3. 安排适宜的运动负荷

从老年人的身体特征和闲暇时间较多的情况来看，老年人每天锻炼的时间可适当久一些，但必须是小强度或中等强度活动，运动量适中，控制强度可用心率作为主要指标。

老年人在体育锻炼后如果感觉身体适度疲劳，但没有其他不适症状，说明运动负荷比较合理；如果运动后感觉明显不适或严重疲劳，说明运动负荷太大，需要提高警惕，及时消除不适症状，并引以为戒，下次锻炼要根据自己的身体情况保持适宜的运动负荷。

第二节　不同职业群体的运动健身指导

一、脑力劳动者运动健身指导

（一）脑力劳动者的身体状况

随着科技的迅猛发展和社会生产力水平的不断提高，社会劳动人口中脑力劳动者所占的比例逐渐增大。很多脑力劳动者在劳动过程中长时间保持一种固定的身体姿势，严重缺乏肌力活动，因而容易出现一些有害健康的身体症状，具体情况如下。

（1）脑力劳动者长期保持坐姿或其他固定姿势，身体活动量少，根据"用进废退"的身体发展原理，缺少活动的身体部位容易出现功能衰退的问题。

（2）脑力劳动者以大脑活动为主，必须加强营养补充，但因为肌力活动不足，能量摄入大于消耗，所以容易导致超重和肥胖，进而引发其他慢性疾病。

（3）脑力劳动者脑力活动时间长，肌肉活动时间短，容易导致大脑血液、氧气供给不足，造成大脑疲劳，进而引起神经衰弱。

（4）脑力劳动者多在室内工作，与外界环境接触少，因而对自然环境的适应能力较差，体质也相对较弱。

（二）脑力劳动者运动健身指导

从脑力劳动者的工作性质和特点来看，很容易出现健康问题，如果不注意调整和锻炼，就有发生病变的可能。因此，对脑力劳动者来说，很有必要参与体育健身锻炼，这不仅是为了个人健康，也是为了家庭幸福和社会发展。

脑力劳动者在运动健身中要注意以下事宜。

第一，在业余时间坚持运动健身，形成健康的生活方式和运动习惯。培养体育兴趣爱好，将运动健身纳入自己的生活计划中，长期坚持，从而丰富业余生活，增强体力，提高工作效率。

第二，如果脑力劳动者工作繁忙，业余时间少，就要在生活和工作的点点滴滴中抓住锻炼的机会，如步行上下班，走路时应身体姿势挺拔，行进速度适宜。在工作中适当改变单一的身体姿势，做一些坐姿锻炼，增加肌力活动，也能调整工作状态，达到一定的放松效果。

第三，脑力劳动者需要适当多做一些力量练习、耐力练习，多参加一些健身健脑的体育活动，从而提高身体素质和智力。

第四，在闲暇时间多参加户外运动，与大自然多接触，提高机体的适应力，但要注意运动安全。

第五，保持一周两三次的运动频率，每次至少半小时，保持能量吸收与消耗的平衡，促进心肺功能、免疫力的增强，改善亚健康状态。

二、农业劳动者运动健身指导

（一）农业劳动者的体育活动情况

我国农村人口在全国总人口中所占的比例较大，因此在社会体育发展过程中不能忽视农村体育、农民体育。农业劳动者的劳动特征是长期在自然环境中以农作物生长情况为依据而进行体力劳动。随着农村经济的发展，先进的现代化农业器械设备被广泛运用于农作物的种植中，大大减轻了农业劳动者的劳动负担。但也有一些落后农村地区受经济条件限制，还不具备使用现代化设备的条件，因此农业劳动者依然以重体力劳动为主。

总的来说，农业劳动者的身体状况和体育活动具有以下特点。

第一，农业劳动者长期从事体力劳动，肌力较强，不易衰退。

第二，农业劳动者长期在自然环境中劳动，因而适应外界自然环境的能力比较强。

第三，农业劳动者根据农作物生长情况确定农业劳动内容。

第四，农业劳动者的农业劳动具有分散性，在田间组织集体活动不是很便利，他们更喜欢参加传统节日的娱乐体育活动。

（二）农业劳动者的运动健身指导

根据农业劳动者的劳动特征、身体状况及体育活动情况而对其进行运动健身指导，关键要注意以下几点。

第一，开展有助于促进农业劳动者身心全方位健康发展的体育活动，在不同季节根据农作物生长情况和农业劳动者的劳动安排而组织不同的体育活动，尤其要加强柔韧性和灵敏性练习，防止农业劳动者因常年进行单一的劳动而出现身体畸形。

第二，农业劳动者虽然身体活动量很足，但劳动不是体育，不完全具备体育的功效，更不能用劳动代替体育锻炼。尤其是随着农业机械化的不断发展与普及，农业劳动者的劳动强度明显减少，因而要经常性地进行身体锻炼，增强体质，保持良好的体力。

第三，在农闲季节开展丰富多彩的农村体育活动，营造良好的农村体育氛围，可以调动人们参与体育锻炼的热情，提高农村居民的身体健康水平。

三、农民工运动健身指导

农民工是人们对进城务工农民的称呼，指的是身份属于农民而职业属于工人的部分劳动者。农民工背井离乡，进城务工，不仅身体疲劳，而且心理上缺乏安全感和归属感。而体育运动可以丰富他们的生活，使他们从身心疲惫中解脱出来，发现生活的乐趣，形成积极的、健康的生活方式，这对促进农民工身心健康非常有益。

（一）农民工运动健身的意义

农民工运动健身指的是进城务工人员在空闲时间为了强身健体、娱乐消遣、缓解压力、社会交往而进行的各种体育锻炼和竞赛活动。当前，我国很多农民工因为受经济、时间等因素的限制而缺乏体育生活，而且这类群体的体育健身需求也未得到社会的关注与重视，虽然政府时刻关注他们的经济权益，但是对其健身权益的关注度不高。因此，我们要努力维护农民工的体育权利，满足他们的健身需求，促进其身心健康。关注农民工的健身与健康对推进我国全面建设社会主义现代化国家具有积极意义。

具体来说，农民工体育健身具有如下社会意义。

（1）农民工运动健身的开展有助于这一社会群体达到强身健体的目的，进而提升其社会竞争力。

（2）农民工运动健身是构建社会主义和谐社会、体现社会公平公正的基本要求。

（3）农民工运动健身的发展有利于维护城市社会的稳定。

（二）农民工运动健身的一般指导

（1）传统意义上的农民工普遍具有工作量大、收入少、文化水平不高、体育素质较低等特性。依据这些特征，需要为其合理制定体育健身的多样化目标，为其选择投资少、对场地器材与体育技能要求低的健身娱乐项目，鼓励农民工积极参与体育健身活动，缓解其生活与工作压力，使其保持愉悦的心情，提高其身心健康水平。而对于新生代农民工，由于他们文化水平较高，收入水平也可观，所以可以选择参加俱乐部健身活动，从而达到健身与社交的目的。

（2）帮助农民工组织建立体育兴趣小组、健身协会，给农民工提供便利的健身场所、专业的健身指导服务，举办农民工喜闻乐见的各种运动会、小型比赛等体育活动，激发其健身热情，使其业余生活变得丰富起来。这不仅能够促进其身心健康，还能提升其自信心，提高其劳动效率。

（三）从事不同工种的农民工的运动健身指导

随着社会的不断进步，社会分工越来越明确，农民工从事的工种也从单一走向多元，从事不同工种的农民工因为工种性质、劳动内容的不同，在体育运动健身方面也要注意不同的事项。

下面具体分析农民工从事不同工种的运动健身指导。

1. 从事重体力劳动的农民工的运动健身指导

进城务工的农民工中，有很大一部分人从事重体力劳动，如搬运工人。重体力工种的劳动特点是体力劳动强度大，伴随大量的能量消耗，易导致农民工严重疲劳，一些局部负担过重的劳动容易造成局部劳损。这类农民工在体育锻炼中要注意以下几点。

第一，在劳动休息时间或结束一天的劳动后，进行小负荷体育锻炼，体力劳动时不常活动的部位是重点锻炼部位，练习时运动幅度稍大一些，练习内容与方法丰富一些。练习动作可以与体力劳动的动作方向相反，以达到预防身体畸形、促进积极恢复的效果。

第二，根据重体力劳动特征，农民工要强化身体锻炼，通过不同姿势的负重练习、肌肉耐力练习提高心血管系统功能，增强与保持体力，使自身身体条件满足劳动所需。

第三，在良好的自然环境中进行比较平静或动静结合（以静为主，以动为辅）的身体练习，建议选择的项目有散步、太极拳等，以促进局部劳损的预防和缓解。

2. 从事高空或地下作业的农民工的运动健身指导

农民工长期从事高空作业或地下作业，外界环境对其机体施加的特殊刺激非常大，给机体造成了沉重的压力与负担。从事高空作业的农民工不仅要克服恐高心理，还要适应各种变幻莫测的气候环境；从事地下作业的农民工，其工作环境与地面生活环境有很大的差别，地下环境潮湿，长期见不到阳光，不能呼吸新鲜空气。因此，不管是高空作业者还是地下作业者，身心承受的负担都比在地面劳动的人更大，患职业病的概率也更高。对此，农民工在劳动过程中要做好保护措施，安全第一，同时要加强日常体育锻炼，不断提高自己的体力和环境适应能力。

从事高空或地下作业的农民工在体育健身中要注意以下几点。

第一，持之以恒地锻炼，不断增强和巩固体质。

第二，通过长跑练习促进腿部力量的增强和心肺功能的改善。

第三，通过太极拳等传统体育运动来改善身心状态，在运动后通过按摩消除疲劳。

第四，通过冷水浴来提高机体的环境适应能力，使身体条件达到特殊工作的要求。

3. 从事其他劳动的农民工的运动健身指导

一些农民工选择从事翻砂铸造工、售货员等工作，他们的共同点是局部姿势单一和局部负担过重，如翻砂铸造工长期保持弯腰姿势，以上肢体力活动为主；售货员长期保持站立姿势，下肢负担过重。长期在固定的环境中从事某一身体姿势固定不变的劳动，会导致身体局部疲劳、劳损，形成职业病，影响身体的全面发展和体质健康。针对这类农民工的劳动特点和身体情况，需要从以下几方面指导他们进行科学的运动健身。

第一，根据劳动特点和身体局部健康状况创编相应的练习动作，以与固定劳动姿势相反的动作为主，旨在预防局部劳损，防止其他部位能力退化，全面发展身体各个部位。

第二，从事能够锻炼全身各处或健身效果全面的体育运动，如长跑、游泳、球类运动等，使整个机体的发展处于平衡状态。

第三，对局部负担过重的身体部位加强放松练习，通过按摩来消除疲劳，促进血液循环和机体恢复。

第四，在与工作不同的环境下进行运动健身，消除身心疲劳，改善身心健康状态。

第三节　女性运动健身指导

一、适合女性的运动健身项目

女性身心特点与男性不同，因而运动健身也具有自身的特殊性。与男性相比，女性骨骼、肌肉纤细，韧带、关节的弹性和柔韧性较好，但力量、耐力与意志力较差，因而比较偏爱运动量小、轻快柔和的体育项目，如健美操、健身操、体育舞蹈等节奏感、韵律感强的健身健美体育项目。

适合女性参与的体育运动项目有很多，如传统民间体育项目，包括荡秋千、扔沙袋、踢毽子、跳绳、跳皮筋、跳板等；还有诸多现代运动健身项目，如女性体操，包括女青年健美操、女子哑铃操、女性减肥操、产妇健美操等。很多女性还喜欢一些运动量适中、运动技术难度较小的小球类项目，如羽毛球，在社区广场上打羽毛球的女性随处可见。

二、女性特殊时期的运动健身指导

（一）女性经期健身指导

经期女性的身体素质和内分泌等发生较大变化，因此在经期参加体育活动要格外小心，以防出现不良反应和运动损伤。女性在经期进行运动健身需要注意以下事项。

1. 避免冷热刺激

经期避免过冷、过热的刺激，特别是下腹部不宜受凉，健身过程中要尽量穿棉织运动长裤，不宜穿保暖性和透气性较差的服装，以免发生痛经或月经失调。

2. 运动负荷适宜

经期适当减少运动量及运动强度，持续运动时间不宜过长。这是因为月经期间身体的反应能力、适应能力和肌肉力量都会降低，神经调节的准备性及灵活性也下降，身体及神经系统不能适应强度较大的活动。如果经期运动强度和非经期一样大，运动过程中精神紧张，易导致卵巢功能失调，引起经血过多或月经紊乱。尤其是月经初潮的女性，由于性腺内分泌周期尚不稳定，更要谨慎运动。

3. 暂停游泳练习和冷水浴

经期不宜游泳和进行冷水浴。因为经期子宫内膜脱落后，子宫内形成较大的创面，子宫颈口略微开大，宫腔与阴道口位置对直，此时，人体全身与局部对病菌的抵抗力较差，游泳时病菌可能侵入生殖器官，进而引起炎症。

4. 加强医务监督

经期运动要加强医务监督。身体健康、月经正常、无特殊反应又有一定运动水平的女性，除经期前两天外，其他时间可以进行正常的健身锻炼，但也要循序渐进。

5. 根据身体情况调整运动处方

运动期间，如果出现月经不正常和身体不适症状，应及时调整运动处方，改善运动环境；若仍不能恢复正常，应停止运动，及时就诊。

（二）女性孕期健身指导

怀孕的女性可以进行体育健身运动，而且这一时期科学的运动健身对孕妇是有好处的。适当的、合理的运动健身可以改善孕妇的消化、吸收功能，加快胃肠蠕动，为胎儿提供充足的营养。运动可以促进母体及胎儿的新陈代谢，既能增强孕妇体质，又能提高胎儿的免疫力。孕期健身可帮助孕妇保持心情舒畅和良好的睡眠。因此，女性在怀孕期间要适量参与运动健身，科学健身，这样对自己和胎儿的健康都有帮助。

女性在孕期进行体育运动健身，要特别注意以下几点。

1. 运动时期适宜

孕妇在怀孕后前3个月不宜进行大幅度的运动，在怀孕后期，即7个月以后的运动也要适当减量。为保证安全，一般最适宜的健身时间段是孕期的4～7个月。

2. 运动环境良好

孕期女性尽可能在花草茂盛、绿树成荫的地方健身，这些地方空气清新，氧气浓度较高，尘土污染和噪声污染相对较小，有利于母体和胎儿的身心健康。孕妇可以选择在早晨运动，或者黄昏时在绿地和公园运动，运动时尽量远离交通拥挤、车辆较多的闹市区。

3. 运动方式科学

一般来说，步行、慢跑、游泳、健美操等运动方式都适合孕妇。散步可以增强孕妇神经系统功能和心肺等脏器功能，能够发展腿肌、腹壁肌、胸廓肌、心肌等肌群力量。游泳是目前国外比较流行的孕期健身方式，但游泳时要注意水温适宜，游完赶快上岸，注意保温。

参考文献

[1] 于显洋. 体育社会学 [M]. 北京：中国人民大学出版社，2022.

[2] 王志华. 多维视角下的社会体育研究 [M]. 北京：北京工业大学出版社，2019.

[3] 李娜. "健康中国" 国家战略的哲学解读 [J]. 未来与发展，2021，45（11）：1-4.

[4] 马斌. 社会体育促进健康的理论与实践 [M]. 沈阳：沈阳出版社，2011.

[5] 肖夕君. 科学运动与健康 [M]. 长沙：湖南文艺出版社，2006.

[6] 马燕，赵启全. 社会的亚健康态与社会体育的紧迫性 [J]. 体育世界（学术版），2008（07）：100-101.

[7] 马斌. 社会体育促进健康的理论与实践 [M]. 沈阳：沈阳出版社，2011.

[8] 徐晓燕. 社会体育学 [M]. 杭州：浙江大学出版社，2013.

[9] 李英玲，李跃海，孙鹏，等. 当代社会体育健身指导 [M]. 长春：吉林科学技术出版社，2005.

[10] 陈锡林，汪康乐. 社会体育学与体育社会学 [J]. 体育科学，1989（03）：84-86.

[11] 董新光，戴志鹏. 论我国社会体育发展的影响因素 [J]. 体育文化导刊，2013（08）：24-27.

[12] 张宏波. 我国社会体育发展的影响因素及对策探讨 [J]. 职大学报，2014（05）：121-123.

[13] 周忠凯. 影响我国社会体育发展的因素分析 [J]. 时代农机，2015，42（06）：74-75.

[14] 梁微. 浅析影响社会体育发展的因素及应对策略 [J]. 延边教育学院学报，2019，33（03）：136-138.

[15] 穆丹. 健康中国视角下社区体育发展研究 [J]. 渭南师范学院学报, 2019, 34 (08): 47-57.

[16] 李晓红, 张团亭. 健康中国视域下我国社区体育的发展 [J]. 健康教育与健康促进, 2018, 13 (03): 247-250.

[17] 董军. 新时期我国职工体育发展制约因素及对策研究 [J]. 当代体育科技, 2020, 10 (06): 185-186.

[18] 刘巍. 新农村体育事业发展问题研究 [M]. 北京: 中国物资出版社, 2009.

[19] 田媛, 肖伟. 新型城镇化背景下我国农村体育发展方式及实现路径研究 [M]. 北京: 群言出版社, 2017.

[20] 谢孟瑶. 现代球类运动文化建设与技战术学练指导 [M]. 长春: 吉林大学出版社, 2017.

[21] 周学荣, 谭明义. 社会体育学概论 [M]. 哈尔滨: 黑龙江人民出版社, 2004.

[22] 王玉侠, 李润中. 我国社会体育指导员管理体系多元化发展研究 [J]. 河北体育学院学报, 2019, 33 (06): 30-34.

[23] 陶宇平, 李中华, 李月华, 等. 全民健身工程中户外运动休闲的安全管理体系研究 [J]. 四川体育科学, 2013, 32 (01): 84-88.

[24] 王继成. 全民健身风潮中如何提高人们的安全运动意识 [J]. 科学咨询 (科技·管理), 2020 (04): 35.

[25] 张春萍. 体育赛事管理教程 [M]. 北京: 经济管理出版社, 2016.

[26] 陶卫宁. 体育赛事策划与管理 [M]. 重庆: 重庆大学出版社, 2015.

[27] 黄海燕. 体育赛事管理 [M]. 北京: 人民体育出版社, 2012.

[28] 蔡伊娜. 上海市重大国际单项体育赛事行政管理体制现状与发展对策研究 [D]. 上海: 上海体育学院, 2011.

[29] 曹可强. 体育产业概论 [M]. 上海: 复旦大学出版社, 2004.

[30] 杨铁黎. 体育产业概论 [M]. 2版. 北京: 高等教育出版社, 2015.

[31] 祝慧英. 中国体育健身休闲产业发展研究 [M]. 北京: 中国广播影视出版社, 2017.

[32] 李晓霞. 当代社会体育赛事流程策划研究 [M]. 北京: 中国农业大学出版社, 2018.

[33] 张颜颜. 我国体育赛事产业发展的法律保障研究 [D]. 徐州: 中国矿业大学, 2016.

[34] 余守文. 体育赛事产业与城市竞争力: 产业关联·影响机制·实证

模型［M］．上海：复旦大学出版社，2008．

　　［35］李相如，朱永国，鹿志海，等．我国职工体育发展特征新研究［M］．北京：金盾出版社，2015．

　　［36］刘林箭，张毅．新农村体育指导［M］．成都：四川大学出版社，2008．

　　［37］宋璐璐．广场舞［M］．天津：天津人民美术出版社，2018．

　　［38］王刚．打造全民健身新载体 增强百姓体育获得感幸福感［N］．宁夏日报，2022-06-08（006）．

　　［39］沈童睿．夯实群众体育基础 引领全民健身风尚［N］．人民日报，2022-04-25（010）．

　　［40］黄晖．五点着力，推动群众体育高质量发展［N］．河南日报，2022-03-25（008）．

　　［41］魏歆媚，刘东锋．新时代中国体育的三驾马车：竞技体育、社会体育与学校体育［C］//．第十二届全国体育科学大会论文摘要汇编——专题报告（体育社会科学分会），2022：401-403．

　　［42］孟宇，苗雅博．扩大我国农村体育消费市场的多元价值、制约因素与路径选择［C］//．第十二届全国体育科学大会论文摘要汇编——专题报告（体育产业分会），2022：515-517．

　　［43］韩玉，刘继秀，金秋龙，李国成．我国体育院校大学生创业倾向影响因素的实证研究［C］//．第十二届全国体育科学大会论文摘要汇编——墙报交流（体育产业分会），2022：80-82．

　　［44］王婧．竞技体育基层治理困境及优化［C］//．第十二届全国体育科学大会论文摘要汇编——专题报告（运动训练分会），2022：364-366．

　　［45］赵轩，周珂．残疾人体育政策工具的选择与优化——基于"十五"至"十三五"时期《残疾人体育工作实施方案》的分析［C］//．第十二届全国体育科学大会论文摘要汇编——墙报交流（体育管理分会），2022：99-100．

　　［46］宁紫卉．社会体育组织促进体教融合发展的思考［C］//．第十二届全国体育科学大会论文摘要汇编——墙报交流（体育管理分会），2022：160-161．

　　［47］杨建辉．青少年体育价值观城乡差异与生成机制研究［C］//．第十二届全国体育科学大会论文摘要汇编——墙报交流（体育社会科学分会），2022：282-284．

　　［48］杨小帆，罗荔．环境教育融入青少年体育活动的历程、价值与路径研究［C］//．第十二届全国体育科学大会论文摘要汇编——专题报告（学校体育分会），2022：314-315．

[49] 张欣，秦暘，戴红磊．体教融合促进学校体育人才培养体系重构的历史逻辑与实践探索 [C] //.第十二届全国体育科学大会论文摘要汇编——专题报告（学校体育分会），2022：349-350.

[50] 张立鑫．体教融合背景下社会体育组织发展路径研究 [C] //.第十二届全国体育科学大会论文摘要汇编——墙报交流（学校体育分会），2022：499-500.

[51] 傅国群，王杰．体育大数据的概念、分类和应用分析 [C] //.第十二届全国体育科学大会论文摘要汇编——墙报交流（体育信息分会），2022：76-78.

[52] 马如娟．"体育+"让生活更健康 [N].甘肃经济日报，2021-12-06（001）.

[53] 张峻黉．促进体育产业高质量发展的财政政策研究 [D].南昌：江西财经大学，2021.

[54] 杜念香．"健康中国"背景下城市社区武术发展的问题审视及解决路径 [C] //.2021年全国武术教育与健康大会暨民族传统体育进校园研讨会论文摘要汇编（一），2021：390-391.

[55] 王亚茜，张振龙．体医融合背景下社会体育指导员培养路径优化研究 [C] //.第三届"全民健身 科学运动"学术交流大会论文集，2021：53.

[56] 王亚丽，武文强，王道杰．家庭、学校、社会体育一体化的现实困境与突破路径 [C]//.第三届"全民健身 科学运动"学术交流大会论文集 .，2021：64-65.

[57] 杨任富，陈前．新时代农民体育健身的现实困境与对策研究 [C] //.第三届"全民健身 科学运动"学术交流大会论文集 .，2021：120-121.

[58] 钟丽萍．城市社区老年人体育服务治理创新研究 [D].长沙：湖南师范大学，2021.

[59] 李济超．体育花艳红土地 [N].汕尾日报，2021-09-29（001）.

[60] 刘彦，李勇锐．群众锻炼经常化 体育健身生活化 [N].延安日报，2021-09-11（001）.

[61] 郑璐，袁海霞．越健康 越幸福 [N].西藏日报（汉），2021-08-19（T35）.

[62] 吕园．动起来 热起来 火起来 [N].巴彦淖尔日报（汉），2021-05-14（001）.

[63] 韩慧．体育社会组织评估机制研究 [D].上海：上海体育学院，2020.

[64] 张伟．社会体育服务组织公共治理能力评价与提升研究 [D].上

海：上海体育学院，2020.

　　[65] 林加彬. 中小学生体育学习兴趣特征及产生机制研究 [D]. 长春：东北师范大学，2019.

　　[66] 刘次琴. 转型期我国公共体育服务供给主体多元发展研究 [D]. 长沙：湖南师范大学，2019.

　　[67] 朱焱. 中国区域公共体育资源配置水平评价与策略改进研究 [D]. 大连：大连理工大学，2019.

　　[68] 张志宏. 百姓健身房 实践"体育让生活更美好" [N]. 温州日报，2019-09-09（006）.

　　[69] 刘旭明. 我国普通高校体育异化的过程与本质研究 [D]. 武汉：华中科技大学，2019.

　　[70] 范成文. 我国老年人体育服务社会支持系统研究 [D]. 长沙：湖南师范大学，2019.

　　[71] 王小娟. 农村公共体育服务协同创新理论构建与应用 [D]. 杭州：浙江大学，2018.

　　[72] 王雅静. 让群众体育在共建共享中增强获得感 [N]. 内蒙古日报（汉），2018-08-25（002）.

　　[73] 陈德旭. 社会治理视域下我国农村公共体育服务体系建设与运行研究 [D]. 上海：上海体育学院，2017.